ADÉLAÏDE DE MÉRAN.

ADÉLAÏDE DE MÉRAN.

PAR PIGAULT-LEBRUN,

MEMBRE DE LA SOCIÉTÉ PHILOTECHNIQUE.

TOME QUATRIÈME.

PARIS,

N. BARBA, LIBRAIRE,

AU PALAIS ROYAL, DERRIÈRE LE THÉATRE FRANÇAIS, N° 51.

1815.

ADÉLAÏDE DE MÉRAN.

CHAPITRE PREMIER.

Nouvelles persécutions.

Je m'applaudis souvent du parti que j'ai pris. Les journées s'écoulent dans une sorte de calme. L'orage gronde quelquefois dans le fond de mon cœur : une heureuse distraction le dissipe promptement. Je ne sais si mon curé est pénétrant ; mais il frappe toujours à propos, et toujours juste.... Ah ! je me rappelle.... nous lisions ensemble les *Mondes* de Fontenelle ; nous étions dans la lune, et nous ajoutions nos rêves aux rêves de l'auteur. Comme lui, nous placions des habitans dans la petite planète, et nous allions plus loin : nous les façonnions à notre manière; nous décidions de leurs goûts, de leurs habitudes, de leurs mœurs. « J'espère, au moins, me « suis-je écriée, qu'on ne connaît pas là « les mariages de convenance. » Le curé m'a regardée attentivement, et depuis, lorsqu'un léger nuage vient obscurcir mon front, il m'oppose quelqu'idée originale, qui pique ma curiosité, et qui force mon attention.

Il a fait un ouvrage piquant sur la vie sensitive des plantes. Il n'ose leur accorder l'intelligence ; mais il ne balance pas à leur donner le sentiment. Il s'appuie sur le principe vital, que personne ne peut leur contester, sur la sève, qu'il compare au sang, et qui s'échappe de la blessure que leur fait la serpe meurtrière, et surtout sur la différence des sexes, tellement complète dans plusieurs plantes, que le palmier femelle, par exemple, ne peut produire, si un palmier mâle ne se trouve à sa portée. Tu sens à quelle quantité de questions, d'observations, d'objections, ces systèmes doivent donner lieu. Il est impossible qu'avec un tel homme la conversation languisse jamais.

Mais je ne peux être toujours avec lui : je me dois à mon mari, aux soins de ma maison. Et puis, je suis bien aise de causer un peu avec Jeannette. Je n'ai rien de nouveau à lui dire : dès longtemps j'ai épuisé le vocabulaire de l'amour. Mais il est des choses dont on ne se lasse pas de parler. Plaisir dangereux, qui ramène le trouble dans l'âme, dans les sens, dans les idées! Le curé paraît alors s'efforcer de me dérober à moi-même. Il ne me cherche pas avec indiscrétion; mais il a toujours un prétexte convenable pour m'aborder, quand il juge qu'il y a assez long-temps que je suis avec mon cœur.

Croirais-tu que mon mari ne dédaigne

pas d'assister à nos conférences? La gaîté du curé le pénètre, et le rend aimable au point que je l'adorerais si je n'avais donné toutes mes affections, ou si je pouvais aimer deux fois dans ma vie. J'ai moins de distractions de cœur, quand nous sommes trois. La présence de M. d'Apremont m'impose ; ses saillies ajoutent de l'intérêt aux objets que nous traitons ; j'aime à m'élancer avec lui dans les cieux ; l'astronomie semble me détacher de la terre : il faut y revenir enfin, et le moment du retour est toujours pénible. Je végète ainsi, sans éprouver de peines trop cuisantes, mais sans goûter aucun plaisir.

En voici enfin un éclair. Je viens de recevoir une longue lettre de ma mère. Elle ne me parle que de lui. Il est établi à Velzac. Sensible, doux, aimable, il fait le bonheur de mes parens. Ah! il aurait pu le faire doublement.... Ils ne l'ont pas voulu.

Il occupe ma chambre, Claire. Quelle masse de souvenirs il doit trouver là ! De quelles délices, de quelles douleurs son pauvre cœur doit être alternativement assailli ! Pas un meuble que je n'aie touché ; pas un point où je n'aie posé le pied ; pas un arbre que je n'aie fixé de ma croisée. Ah ! si jamais je vais à Velzac, avec quelle avidité je chercherai la trace de ses pas ; avec quel charme je reposerai dans ce.... Je n'y trouverai pas le sommeil ; mais l'amour.... Ne pensons plus à cela.

Il a fait consentir mes parens à recevoir de lui une forte pension, et il emploie une partie de son revenu en fêtes ingénieuses, qui flattent l'amour-propre de mon père, et qui lui servent de prétexte pour répandre des bienfaits. Il a institué une fête de Rosière. Le prix est une médaille d'or, sur laquelle est écrit d'un côté : *A la plus sage*, et de l'autre : *Donnée par M. le comte de Mé-*

ran. La Rosière jouit, en outre, de la récolte d'un pré de six arpens, que Jules a acheté à cet effet, et qui, d'année en année, passera à la beauté couronnée. Je dis à la beauté, parce qu'un des articles des statuts porte que la Rosière doit être jolie, attendu qu'il est plus difficile à une jolie fille d'être sage, qu'à celle qui ne fixe l'attention de personne.

Le jour de la naissance de mon père, Jules a donné sur la rivière une espèce de combat naval. Il avait rassemblé les mariniers des environs, et tous les batelets qu'on a pu se procurer. Les équipages portaient des écharpes, qui indiquaient les différens partis; les vaisseaux étaient peints et pavoisés; l'artillerie se composait de canons de fusils, démontés et fixés sur les plats-bords. M. de Méran a été conduit sous une très-belle tente, d'où il commandait au porte-voix le parti qu'il avait adopté. Mais son escadre était montée par des sourds, ou plutôt par des gens qui, ne connaissant pas les termes de marine, ont mené tout cela à leur manière, et n'en ont pas moins amusé les spectateurs. Les vainqueurs sont venus faire hommage de leurs trophées à M. de Méran, qui leur a distribué des prix de quelque valeur, et vainqueurs et vaincus se sont mêlés autour d'une table immense, dressée dans le bois, et dont M. Firmin a fait les honneurs.

Il aime aussi à faire des mariages. Il rapproche des cœurs que des raisons d'intérêt semblaient éloigner pour jamais. Ah ! j'en suis sûre, c'est lui, c'est moi qu'il trouve dans ceux qu'il unit ; c'est l'amour malheureux qu'il console, qu'il couronne.

Maman ne me dit pas qu'il s'occupe, qu'il parle d'Adèle. Ah ! ne vois-je pas dans tout ce qu'il fait, des hommages qui s'adressent indirectement à moi ! Qu'il agisse, et qu'on me rende compte de ses actions : ce langage-là est aussi clair pour moi que la parole ; comme elle, il arrive à mon cœur.

Cependant il aurait pu joindre quelques lignes pour moi à la lettre... Non, non. Je me plaindrais, s'il eût été réservé; je me plaindrais encore s'il se fût abandonné à toute sa tendresse. Il vaut mieux qu'il ne m'écrive pas. Laissons couver le feu; il pétillera peut-être trop tôt.

Je lis, je relis cette lettre avec Jeannette. J'en pèse les expressions, les mots. Je leur cherche, je leur trouve un sens, que peut-être ils n'ont pas. Mais il n'est point en ma puissance de rejeter une illusion, qui flatte mon amour.... Hé, qu'importe qu'il m'adore, puisque nous sommes séparés ? Qu'importe que nous soyons constans, puisqu'un mur d'airain est élevé entre nous?... Ah! Jules, Jules, par pitié aime-moi toujours. Il ne m'est pas impossible de vivre sans toi; mais je mourrais le jour où je perdrais ton cœur.

A quels sentimens opposés je m'abandonne alternativement! Ma tête est un chaos, où quelquefois je ne démêle plus rien. Plains-moi, Claire, plains-moi.

Je veux en vain me le dissimuler, cette lettre, partie des lieux qu'il habite, cette lettre écrite par quelqu'un qui respire le même air que lui, ces caractères, tracés, peut-être, sur la table même où il jette ses pensées sur le papier, cette lettre me ramène sur toute ma vie; elle me désole, elle me tourmente, et dans la soif qui me dévore, je n'ai rien, rien de lui, qui puisse me calmer. Hé, que ferais-je de son portrait? Son image est gravée dans tout mon être en traits ineffaçables; elle est identifiée avec moi; elle me suit, elle m'obsède sans relâche; elle m'attaque dans tous mes sens, et toujours elle est victorieuse.... Malheureuse, que pensé-je, qu'osé-je dire ! Claire, jette un voile épais sur ton amie ; pour être criminelle, il ne lui faut qu'une occasion.

Le curé entre chez moi. Il paraît rayonnant de joie, et il n'a à me parler que d'un insecte, qu'il vient de trouver, et qu'il cherchait, dit-il, depuis des années. Je le fixe, et je vois qu'il ne sent rien de ce qu'il exprime. Son ton n'a point de vérité ; le jeu de sa physionomie est forcé.... Ah ! je vois ce que c'est : il y a deux heures que je suis ici avec Jeannette, et il a voulu rompre le tête-à-tête. Il a sans doute remarqué que souvent mes yeux sont rouges, quand je quitte la bonne jeune femme. Elle m'a fixée à son tour, et mon émotion et la violence que je me suis faite pour la dérober à la pénétration du curé n'ont pu lui échapper. Ah ! sans doute, il sait qu'une passion malheureuse mine, dessèche mon cœur. Jamais il n'en connaîtra l'objet.

Il m'a proposé de sortir, et je l'ai suivi. Il m'a conduite au presbytère. Il avait ce local à loyer, et il m'a montré le contrat qui l'en rend propriétaire. La maison est remise à neuf; les vieux meubles sont remplacés par d'autres qui ne sont pas riches, mais d'une extrême propreté. Les armoires sont garnies de linge; et ce qui flatte le plus le bon prêtre, c'est une petite pharmacie qui sera utile aux pauvres du village. Il demeure au château, et cette maison lui est inutile. Mais M. d'Apremont lui a dit que s'il se déplaît un jour avec nous, il veut qu'il ait une retraite agréable. Marguerite est habillée de neuf. Elle a fait cent tours dans la chambre où nous étions, pour que je ne perdisse rien de son ajustement. M. d'Apremont a dit encore qu'il entend qu'elle se repose;

et qu'elle ne manque de rien. Je devine mon bon prêtre : il me montre, il me conte tout cela pour m'attacher à mon mari par l'estime. Ah ! je lui prodigue et mon estime et mon respect. Je ne peux lui donner que cela.

Un événement prévu m'a distraite pendant quelques jours de mes idées habituelles. Jeannette est mère d'un beau petit garçon. Il passe de son sein dans les bras du bon Jérôme ; ils se l'arrachent ; c'est à qui l'aura, le baisera ; la tête leur tourne à tous deux. M. d'Apremont regarde cet enfant avec intérêt ; mais une sorte de tristesse annonce qu'il envie le sort de ces bonnes gens. Je t'ai décrit les sensations que la grossesse de la jeune femme m'a fait éprouver ; elles sont maintenant plus pénibles, et cependant je m'attache chaque jour davantage à l'intéressante petite créature. Je dois beaucoup à sa mère, et mon âme expansive est tourmentée du besoin d'aimer; elle cherche partout de l'aliment.

Jeannette voulait mettre le pauvre enfant en nourrice. Elle craignait de ne pouvoir suffire à ce qu'il lui faut et à son service auprès de moi, et elle ne parlait jamais de l'éloigner, qu'une larme ne vînt mouiller sa paupière. Je l'ai dispensée de ses fonctions de femme de chambre, et je me fais servir par une de ces belles demoiselles qu'on m'a données le jour de mon mariage, et qui, jusqu'à présent, n'ont eu rien du tout à faire. Celle-ci paraît enchantée d'être jugée enfin bonne à quelque chose. Je ne lui dis pas un mot, de peur de mettre mon cœur à découvert ; elle cherche à deviner ce qu'il me faut, et elle y réussit quelquefois.

M. d'Apremont a voulu nommer le petit. Il a choisi pour commère.... la bonne Marguerite, qui était d'une joie, qui paraissait vaine !.... Oh ! il fallait

voir. Tu sens que mon mari a été bien aise de saisir cette occasion de faire un cadeau à la bonne fille. Le curé, qui n'en laisse échapper aucune d'écrire, ou de parler en public, et qui parle facilement, a adressé à Jérôme un discours très-sage, et très-bien tourné sur les devoirs que lui impose la qualité de père. Tous nos villageois étaient dans une sorte d'enchantement. « Si on con-
« naissait notre curé, me disait le mai-
« re, on le nommerait évêque; et il
« ferait ses mandemens lui-même, ré-
« pondais-je. » Le curé ne perdait rien de ce qu'on disait de lui. L'orgueilleux ! Et il ne s'est taxé qu'à cinquante francs !

Je n'avais pour moi que des intervalles de repos. Ces momens adoucissaient un peu l'amertume répandue sur le reste de ma vie, et je suis menacée de nouvelles persécutions. Ce n'est pas M. d'Apremont qui me les suscite; il est en tout le modèle des maris, et il mérite l'amour de sa femme. Elle sent plus que jamais combien il en est digne, et elle ne peut que lui rendre une exacte mais froide justice. Je vais te raconter ce qui s'est passé ce matin.

J'étais dans ma grotte avec le curé et Jeannette. La petite femme berçait son fils; le curé me regardait d'un air préoccupé qui ne lui est pas ordinaire. Il voulait parler, et les mots expiraient sur ses lèvres. Son front est devenu soucieux; son embarras croissait à chaque instant. Je ne savais que penser, et de son silence, et de ce qu'exprimait sa physionomie. J'ai cru qu'il avait quelque chose de très-important à me dire, et que la présence de Jeannette le gênait. Je suis sortie de la grotte, et je l'ai invité à me suivre. Nous nous sommes enfoncés dans le bois. Nous marchions l'un à côté de l autre, et il s'obstinait à garder le silence. Sa réserve a confirmé mon prenier jugement : je n'ai plus douté qu'il n'eût à m'entretenir sur un sujet délicat, et qu'il ne sût à quelles expressions s'arrêter. Je l'ai mis à son aise : « M. le curé, « vous n'êtes pas dans votre état ordi- « naire. — Non, madame. — Expliquez- « vous sans contrainte ; ne craignez pas ; « je suis disposée à tout entendre. — Ce « que j'ai à vous confier, madame, exige « les plus grands ménagemens. Je sais « ce que je dois à vous, à M. d'Apre- « mont et à moi, et je ne sais comment « concilier ces devoirs différens. — Vous « êtes incapable de manquer à rien d'es- « sentiel, et j'ai peine à croire vos in- « quiétudes bien fondées. Parlez, je « vous en prie. — Je crains d'être franc, « madame ; vous ne me le pardonneriez « pas. — Un homme de votre caractère « peut se tromper ; il n'offense jamais, « parce que l'insulte est dans l'intention. « — Je vais parler. J'ai lieu de croire, « madame, qu'un sentiment secret vous

« domine et vous tourmente. — Cela
« est étranger, monsieur, à ce que vous
« voulez me confier. — Cela s'y rap-
« porte directement, madame, et je
« n'aurais pas eu l'indiscrétion de vous
« en parler, si j'avais pu me taire. —
« Poursuivez, monsieur. — Cette lettre
« est à votre adresse. Un inconnu l'a re-
« mise hier au soir au presbytère, et
« Marguerite me l'a apportée ce matin.
— Eh bien, monsieur, quelle consé-
« quence tirez-vous de cela? — Le dé-
« tour qu'on prend pour vous faire par-
« venir cette lettre, annonce qu'elle
« renferme quelque chose de très-par-
« ticulier. Je manque à M. d'Apremont
« en vous la remettant; je vous manque,
« si je la donne à M. d'Apremont; je
« me manque à moi-même, en m'immis-
« çant dans une affaire à laquelle, sous
« tous les rapports, je devrais être étran-
« ger, et cependant comment me dis-
« penserais-je de m'en mêler? »

J'ai pensé à l'instant que les lettres qui parlent à mon cœur me parviennent par l'entremise de Jeannette, et que celle-ci ne pouvait m'inspirer aucune espèce d'intérêt. « M. le curé, si un sentiment « secret m'agite quelquefois, il ne me « portera jamais à l'oubli de moi-même. « Je n'écris rien, je ne lis rien que mon « mari ne puisse voir. Rendons-nous « près de lui ; vous lui remettrez ce pa-« quet ; nous lirons ensemble, et vos « scrupules seront dissipés. »

Le bon curé a paru déchargé tout-à-coup d'un poids qui l'oppressait. Sa figure est devenue rayonnante. Il m'a témoigné une déférence, un respect dont je ne me jugeais pas digne, et dont j'avais la faiblesse de me glorifier. Ah ! je le sens, on ne saurait vivre sans estime, et on l'usurpe quand on ne peut la mériter.

M. d'Apremont a paru très-sensible à ce qu'il appelle ma confiance. Il a rompu le cachet. La lettre n'est pas signée. Nous avons examiné l'écriture ; elle nous est inconnue ; mais avant d'en avoir lu six lignes, nous avons deviné l'auteur : c'est le lâche, l'infâme des Audrets, qui n'a pu vaincre, dit-il, la passion qui le dévore; qui peut pardonner aux miens la supériorité qu'ils ont obtenue sur lui ; mais qui a des moyens sûrs de les en punir, et qui me rend arbitre de leur sort. Il faut qu'il me possède ou qu'il meure ; mais s'il succombe, il entraînera avec lui ce que j'ai de plus cher. Le monstre m'avertit qu'il n'aura pas la maladresse d'envoyer un second commissionnaire, dont on pourrait s'assurer. Il m'enjoint de lui faire connaître mes dispositions par un signal. Un linge blanc, flottant à ma fenêtre, annoncera que je me rends ; un voile noir sera le symbole de mon refus et du deuil éternel auquel je me serai condamnée.

Il croit m'effrayer par la menace, me

soumettre par la crainte. Que peut un homme perdu dans l'opinion publique? Est-ce avec un front couvert d'infamie qu'il attaquera Jules, mon père, M d'A premont? Et de quoi les accuserait-il? Je ne le redoute plus. J'ai mis mon époux entre ce misérable et moi; j'ai ici des domestiques dévoués et nombreux, et j'ai acquis en trois mois l'expérience de dix ans.

Transportée par l'indignation et le mépris, j'ai arraché un voile noir d'un de mes chapeaux, et je l'ai attaché aussitôt à mon balcon. « Ayez des armes, « ai-je dit à M. d'Apremont, distribuez-« les à vos gens, défendez votre épouse, « son honneur et le vôtre. » Il m'a tendrement embrassée; il m'a conjurée de ne rien craindre, et je lisais dans ses yeux la jalousie et l'effroi. Il cherchait quels peuvent être les moyens dont parle l'infâme, et qui doivent le faire triompher. Il leur opposait les ressources que la justice et la force publique mettent à la disposition d'un honnête homme. Il m'a regardée ensuite, et plus alarmé que jamais, il s'est écrié : « Tant de charmes « seraient la proie d'un scélérat! » Il s'est élancé vers moi ; il m'a pressée contre son sein ; il m'a enveloppée de ses bras ; il semblait vouloir me défendre ; l'exaspération était au comble. J'ai senti que dans une telle situation, il était incapable de prendre un parti raisonné ; que le curé, qui conservait son sang-froid, pourrait nous donner des conseils, et qu'il était déjà trop instruit pour qu'il y eût de la légèreté à lui faire connaître les details de cette trame odieuse. Je lui ai répété ce que je t'ai écrit sur les vues, les entreprises de des Audrets, sur sa marche, tantôt oblique, tantôt ouverte, mais toujours artificieuse. Le bon prêtre a prononcé qu'un tel homme serait sans cesse à redouter ; que l'honneur de la demoiselle de Tarbes étant rétabli, il n'y avait plus aucun ménagement à garder, et que la première démarche à faire était d'adresser cette lettre et une plainte au ministère de la police. « Que prouvera cette lettre ? ai-je répondu. Il niera qu'elle soit de lui ; il l'attribuera à des ennemis cachés qui veulent nous armer de nouveau contre lui. — Du moins, a répliqué le curé, la police s'attachera à cet homme, et ne le perdra pas de vue. Vous avez de l'or ; soudoyez, s'il le faut, une nuée d'agens qui observent ses pas, ses démarches, et qui rendent un compte exact de celles même qui leur paraîtront indifférentes. Il est impossible que cet homme ne se compromette tôt ou tard, et c'est là que je l'attends. » Le plan formé par le curé ne me paraissait pas tout-à-fait rassurant ; cependant je ne voyais aucun inconvénient à le suivre, et j'ai amené M. d'Apremont à l'adopter.

Voilà où en étaient les choses, lorsque Jérôme est entré avec précipitation. « Ah ! monsieur, monsieur, je
« viens de voir dans le village.... — Qui?
« — Ce vilain homme, qui a fait tant
« de chagrin à madame. — Des Au-
« drets ? — Lui-même. — Ne te trom-
« pes-tu pas ? — Non, certainement,
« monsieur. Il était planté derrière les
« murs du parc, et il avait avec lui deux
« drôles de fort mauvaise mine. Ses
« yeux étaient fixés sur les croisées d'en
« haut, où j'ai vu tout-à-coup, volti-
« ger quelque chose de noir. Je ne sais
« ce que cette couleur a de fâcheux pour
« lui ; mais il a fait, à l'instant, une
« grimace épouvantable ; il a frappé la
« terre de ses pieds ; il a menacé le ciel
« de ses poings, et il a dit d'un ton sé-
« pulcral : *ils périront puisqu'elle veut*.
« Dès que je l'ai eu reconnu, je me suis
« approché doucement, pour mieux
« voir et tâcher d'entendre. En se re-

« tournant, il s'est trouvé nez-à-nez
« avec moi, et me reconnaissant à son
« tour, il m'a appuyé sur l'oreille une
« taloche, qui a renversé mon chapeau.
« S'il avait été seul, je crois que je la
« lui aurais rendue; mais ses deux aco-
« lytes.... — Finissons, ils se sont éloi-
« gnés? — Oui, M. le curé. — A pied?
« — Oui, M. le curé. — Si on s'assu-
« rait de cet homme, avant qu'il pût
« s'éloigner d'ici, il serait facile, je crois,
« de le convaincre. — Vous avez rai-
« son, mon cher curé. La conduite qu'il
« a tenue aujourd'hui est en rapport
« tellement direct avec cette lettre, qu'il
« lui serait impossible de la désavouer.
« Jérôme, fais seller, à l'instant, tous
« mes chevaux de main; que mes do-
« mestiques s'arment de ce qu'ils trou-
« veront à leur portée, et partons. »
Cette résolution m'a inspiré un vérita-
ble effroi. J'ai fait ce qui était en mon
pouvoir pour retenir monsieur d'Apre-

mont. Il est brave, il est jaloux ; il a l'abus de ses bontés à punir ; il s'est échappé de mes bras, et il m'a laissée éperdue, tremblante, hors de moi, avec notre bon curé.

Je l'ai vu partir au galop avec ses gens; Jérôme leur servait de guide. Jeannette est venue pleurer auprès de moi. Elle baignait son enfant de ses larmes. « Pau-« vre petit, disait-elle, peut-être dans « une heure tu n'auras plus de père. » J'étais fixée à ma croisée ; j'y attendais le retour de M. d'Apremont; je l'attendais dans la plus cruelle anxiété; je souffrais horriblement, et mon cœur n'a pas formé un vœu, je n'ai pas même eu une idée, qui fussent indignes de cet homme respectable.

Le curé aussi alarmé que moi, employait pour me rassurer toutes les ressources, dont son émotion lui permetait de disposer. Il voulait être éloquent, il n'était que verbeux. J'ai été attentive cependant à ce qu'il m'a dit sur l'invraisemblance que trois hommes pensassent à se défendre contre sept à huit. Les minutes s'écoulaient ; je n'entendais aucun bruit, et M. d'Apremont avait pris deux paires de pistolets. Ce silence commençait à me tranquilliser, lorsque j'ai réfléchi que la vitesse de la course devait, en un instant, l'avoir mis à une telle distance que l'effet de l'explosion ne pouvait parvenir jusqu'à moi. Les pleurs de Jeannette, les alarmes que le curé ne cherchait plus à dissimuler, ses regrets sur la démarche violente qu'il avait conseillée, tout concourait à me jeter dans un état déplorable. Sans être convenus de rien, sans même nous être parlé, nous sommes tombés à genoux tous les trois ensemble, et nous avons prié du fond du cœur. Le bruit des chevaux nous a arrachés à cette consolante occupation. Je me suis élancée avec Jeannette ; nous avons couru, volé ; nous avons retrouvé, embrassé nos époux.

Ces misérables avaient d'excellens chevaux, qui, sous la garde d'un quatrième coquin, étaient restés bridés à la porte d'un cabaret. Ils avaient sur M. d'Apremont un quart-d'heure d'avance, et il n'était plus possible de savoir quelle route ils avaient prise. Les domestiques ont couru sur différens chemins, et n'ont rien appris de ceux qu'ils ont rencontrés. Il est probable qu'ils ont gagné, à travers-champs, la forêt qui est immense, et dans laquelle il serait imprudent de s'engager, sans être pourvu de bonnes armes. « S'ils sont là, a dit le
« curé, et qu'on les y surprenne, nous
« aurons acquis une preuve de plus con-
« tre cet homme : on ne quitte pas les
« routes battues, pour s'enfoncer dans
« les bois, quand on est sans mauvais

« desseins, ou qu'on n'a rien à se re-
« procher. »

Il est sorti aussitôt. Il s'est rendu chez le maire ; il l'a engagé à écrire au sous-préfet, pour lui demander l'ordre de rassembler les brigades de gendarmerie du canton. Jérôme est allé, à grande course de cheval, porter cette lettre, et il n'a que deux lieues à faire. En attendant son retour, le maire et le curé ont rassemblé nos villageois sur la place. Ils leur ont parlé, d'une manière générale, de piéges qu'on tend à M. d'Apremont et à moi, de la résolution qu'on paraît avoir prise, de nous attaquer à main armée. Aussitôt un cri unanime s'est élevé : « allons défendre notre
« bonne dame et notre bon seigneur. »
Ah! Claire, faisons du bien, faisons du bien; tôt ou tard, on en trouve la récompense.

En un instant, les cours du château

ont été remplies de défenseurs zélés. Leurs armes laissaient peu de ressources au courage ; mais leur nombre était tellement imposant, qu'il était impossible que des Audrets osât rien entreprendre.

Il est des circonstances où le jugement n'est plus qu'une faculté machinale, qui peut tourner contre celui qui la possède. Le trouble porte à de fausses mesures, ou du moins à des précautions inutiles. C'est ce que nous avons senti dès le moment où notre sécurité intérieure a été rétablie. Nous avons jugé que des grilles en fer bien fermées, qu'une douzaine d'hommes résolus étaient plus que suffisans, pour empêcher quelques brigands de pénétrer. Nous avons prévu aussi que des Audrets, maître de se retirer, ne tarderait pas à le faire, et voilà ce qu'il fallait prévenir. En conséquence, M. d'Apremont a fait déposer les armes à une cinquantaine de nos habitans, il les a invités à prendre leurs serpes, à feindre de faire du bois mort, et à battre dans tous les sens la forêt, dont ils connaissent les moindres détours. S'ils avaient vu quelqu'un de suspect, ils devaient venir en rendre compte ; nos chevaux étaient sellés ; nos domestiques brûlaient de tomber sur des Audrets, qui s'était fait haïr de tout le monde, pendant son séjour chez M. d'Apremont. Des gros de villageois, embusqués aux issues, devaient lui couper la retraite ; il n'était pas présumable qu'il parvînt à s'échapper.

Ces dispositions avaient pris un certain temps ; peut-être les avions-nous faites trop tard. Nous attendions les résultats des soins et des recherches de nos bons paysans, quand nous avons vu paraître un détachement considérable de gendarmerie, que conduisait l'infatigable Jérôme. Tout s'est mis en mouvement, à la suite d'une courte conférence entre le commandant et M. d'Apremont. Gendarmes, gardes-chasse, habitans, domestiques, ont couru à la forêt. Le grand nombre a gardé les lisières ; le reste a été se joindre aux cinquante hommes, qui, depuis trois heures, au moins, parcouraient les bois. La battue a duré jusqu'à la nuit, et le chef des gendarmes nous a assuré que bien certainement il n'y avait personne dans cette forêt; qu'il était probable que ceux qu'ils y avaient cherché n'avaient fait que la traverser, si toutefois ils y étaient entrés. M. d'Apremont a récompensé assez noblement tous ceux qu'il venait d'employer, pour être sûr de les avoir à sa disposition, si jamais il en a besoin.

Ils allaient se retirer, lorsque j'ai

pensé que l'absence d'une brigade de gendarmerie ne nuirait pas essentiellement au service public, et que son séjour au château contribuerait beaucoup à y ramener la tranquillité. J'ai exprimé mon désir au commandant, qui s'y est rendu de la meilleure grâce du monde. J'ai ordonné que ces messieurs fussent convenablement logés et eussent leur table particulière. Ils sont contens; je le suis plus que personne. Quand de mes croisées je vois l'espèce de corps-de-garde que Jérôme a établi près de la grande grille, la seule qu'on ouvre à présent, je défie la scélératesse de des Audrets. Cependant j'ai renoncé à ma grotte; je n'ose plus même me promener dans le parc; je passe chez moi la plus grande partie de la journée, et lorsque je prends l'air dans le parterre, j'ai grand soin de ne pas perdre mon factionnaire de vue.

M. d'Apremont a envoyé à Paris la relation détaillée de ce que je viens de te raconter. Il établit avec la plus grande clarté les présomptions qu'il a contre des Audrets. Si elles ne suffisent pas pour qu'on s'assure de cet homme, elles l'inquiéteront au moins de manière à le faire renoncer à ses projets.

Hier, pour la première fois, il nous est arrivé d'en rire en commun. En effet, ses menaces sont tellement dépourvues de sens, qu'il est étonnant qu'un homme aussi réfléchi ait cru que nous pourrions y attacher quelqu'importance. Je le demande encore : quels moyens y a-t-il de perdre des personnes irréprochables? Un assassinat? Ceux qui le servent si bien, ne lui laisseront pas ignorer à quel danger il s'exposerait, s'il osait reparaître ici. Des inculpations sans fondement? Les fripons seuls doivent craindre la justice.

« A propos, a dit le curé, depuis que
« nous avons l'esprit tranquille, j'ai re-
« passé dans ma mémoire toutes les cir-
« constances de la trame que ce coquin-
« là a ourdie contre madame d'Apre-
« mont. Je me souviens qu'avant votre
« mariage, il était chargé de toutes les
« affaires de monsieur ; que lors de son
« emprisonnement, on a donné l'ordre
« général à un domestique de remettre
« au sien tous ses effets, sans s'assurer,
« si parmi ses papiers, il n'y en avait
« pas dont il pût abuser. Il a eu long-
« temps, a répondu M. d'Apremont,
« une procuration, qui l'autorisait à gé-
« rer tous mes biens ; je me suis em-
« pressé de la révoquer, quand il a été
« démasqué. Il lui est peut-être resté
« quelques lettres insignifiantes, dont
« il ne peut tirer aucun parti. Cessons
« de nous occuper de ce misérable. Le
« craindre, c'est lui faire trop d'hon-

« neur, et, en vérité, je n'ai pris quel-
« ques mesures de prudence que par
« égard pour madame, et dans la seule
« vue de ramener la tranquillité dans
« son cœur. »

CHAPITRE II.

Hélas !

Le brigadier, qui commande nos gendarmes, est un homme bien né, avec qui M. d'Apremont aime à parler guerre. Il a pris l'habitude de venir tous les soirs passer une heure avec nous. Il ne se présentait d'abord que sous le prétexte de prendre l'ordre pour la nuit. Bientôt il a été facile de voir qu'il se plaisait autant avec nous qu'il est déplacé au milieu de nos gens. Le zèle qu'il nous marque mérite de la reconnaissance. M. d'Apremont, moins fier que M. de Méran, est d'un caractère plus liant. Il a engagé un jour le brigadier à voir notre partie de tric-trac, et cette invitation lui a suffi pour revenir le lendemain.

En ce moment, immédiatement après le dîner, cet homme vient de se présenter, et cette liberté a paru déplaire à M. d'Apremont. Le brigadier s'est sans doute aperçu qu'on le recevait très-froidement; son embarras s'est peint sur sa figure; il a balbutié quelques mots presqu'inintelligibles; il a fini par prier le curé de sortir avec lui.

Nous nous sommes regardés M. d'Apremont et moi. Que peut-il y avoir de commun entre un militaire et un curé? Rien, ce me semble. Cependant la démarche du brigadier, à une heure du jour où on ne le voit jamais, paraît annoncer quelque chose d'extraordinaire. Je n'ai aucun motif de crainte, et je ne suis pas tranquille.

Le curé rentre, et tire M. d'Apremont à part. Pourquoi ces précautions? Que prétend-on me cacher? Ils sont dans l'embrasure d'une croisée; ils parlent très-bas.... la figure de M. d'Apremont se décompose.... je ne peux plus résister à mon impatience, à mon inquiétude. Je me lève, je m'approche d'eux... Ah! le trouble du brigadier avait une cause bien différente de celle que je lui attribuais !

Claire, ma bonne Claire, je t'écrirai tant que je pourrai le faire; tu recevras désormais une lettre tous les jours. Préviens ton mari que son témoignage, que ses secours nous seront peut-être nécessaires. Ecris à Jules que M. d'Apremont est menacé, et que je l'estime assez pour lui donner la tâche honorable de le défendre.

Le brigadier a confié au curé qu'il venait de recevoir l'ordre secret et précis de surveiller M. d'Apremont; de suivre toutes ses démarches; de l'arrêter, s'il paraissait s'apercevoir qu'il est observé, et surtout s'il montait à cheval ou en voiture.

Le brigadier sent qu'il se compromet en nous donnant connaissance des ordres qu'il a reçus. Mais il est persuadé de l'innocence de M. d'Apremont, et il croit remplir un devoir de reconnaissance, en prévenant le coup qu'on veut nous porter. Il a donné à entendre au curé que mon mari n'a qu'un parti à prendre; c'est de s'échapper la nuit, et de gagner la Champagne; d'éviter nos avant-postes, et de se jeter dans ceux de l'ennemi. Je conçois que l'innocence se défend partout, et qu'il est prudent d'éviter les désagrémens d'une discussion, dont le résultat peut être incertain. Le curé et moi avons fortement insisté sur la nécessité de se conformer aux circonstances, et d'attendre dans un lieu sûr que l'erreur dans laquelle on a jeté l'autorité soit entièrement dissipée. M. d'Apremont a résisté à nos

prières ; il s'est montré inébranlable. « Fuir, a-t-il dit, c'est se déclarer cou-
« pable; c'est au moins un aveu tacite
« qu'on ne se croit pas exempt de re-
« proches. L'homme de bien se repose
« sur sa conscience, et il ne connaît
« pas la crainte. Si je suis arrêté, qu'en
« résultera-t-il ? une prompte justifica-
« tion, et la confusion de mes accu-
« sateurs. »

Je n'en doute pas, des Audrets a tramé encore quelque infamie. Il croit que séparée de M. d'Apremont je serai sans défense, et qu'il pourra renouveler impunément ses odieuses tentatives: il ne sait pas que j'ai autant de défenseurs qu'il y a d'habitans dans le village, et qu'avec un mot je disposerais de sa vie.... Cependant il est clair que la liberté de mon mari est menacée...Peut-être aussi le fait-on surveiller pour s'assurer de la vérité des faits qu'on lui impute, et laisser tomber ensuite dans l'oubli une affaire qui ne peut avoir de fondement. Si elle en avait, si même l'imputation avait un caractère de vraisemblance, on ne se bornerait pas à des demi-mesures; on aurait déployé la rigueur dont on accable ceux qui ne paraissent dignes d'aucun ménagement. Toutes mes réflexions tendent à me calmer, et j'éprouve un serrement de cœur, dont je ne peux me défendre.

Je viens de renouveler mes instances auprès de M. d'Apremont, et je l'ai encore trouvé inflexible. Ne pouvant le déterminer à fuir, j'ai voulu au moins gagner quelque chose. Je lui ai représenté qu'il est de notre intérêt à tous deux de mettre un terme à l'anxiété qui nous tourmente; qu'une âme élevée peut mettre quelque gloire à braver le danger et à se justifier avec éclat. Je voudrais qu'au moins il arrivât libre à Paris, et je crois fermement qu'une entrevue avec le ministre de la Police dissiperait les nuages qu'on cherche à accumuler sur sa tête. Ce parti paraît lui convenir. Il réfléchit.... Il est décidé à partir à l'entrée de la nuit.

Il faut maintenant garantir de toute inculpation l'honnête brigadier qui s'expose pour nous, et tourner toutes les apparences en sa faveur. Ses ordres ne lui prescrivent pas l'oubli des convenances ; rien ne l'oblige à s'établir dans la chambre à coucher de M. d'Apremont. Il l'y verra entrer ce soir; il prendra, selon l'usage que nous avons établi, les clefs de toutes les grilles ; il se tiendra à son corps-de-garde, et fera de fréquentes patrouilles autour du château. M. d'Apremont, accompagné de Jérôme, sortira par les caves, qui communiquent dans le parc, avec la glacière. Les murs ne sont pas élevés; il les franchira, et il ira prendre, à l'entrée de la forêt, une voiture que, sous un prétexte quelconque, je vais faire rouler dans la cour de la ferme. Au déclin du jour, le fermier y mettra ses chevaux, et ira attendre M. d'Apremont à l'endroit dont on sera convenu. Ces mesures nous paraissent suffisantes pour garantir la responsabilité du brigadier. D'ailleurs, s'il éprouvait des désagrémens trop sérieux, nous le dédommagerions amplement de ce qu'il aurait souffert.

J'ai employé quelques heures à faire préparer ce qui est nécessaire à M. d'Apremont pour le voyage : il trouvera le superflu à Paris. Une partie de la soirée s'est écoulée en épanchemens mutuels, bien sincères, et bien fortement sentis de ma part. Pour la première fois, je vais être séparée d'un homme, qui fait son affaire essentielle de me complaire en tout; qui n'a cessé de développer à mes yeux des qualités estimables, et de me combler d'égards, de prévenances, de soins, des marques de l'amour le plus vrai, et de la confiance la plus entière.

Je te jure, Claire, qu'en ce moment rien n'a pu me distraire de ce que je dois à mon époux. La reconnaissance et l'affection ont tellement occupé mon cœur, qu'aucun souvenir n'y pouvait trouver de place. Hé, comment ne serais-je pas toute entière à celui qui a acquis tant de droits sur moi, et qui est menacé peut-être d'une catastrophe sur laquelle mon imagination n'ose s'arrêter?

Nous étions assis l'un à côté de l'autre; je tenais une de ses mains dans les miennes; je le regardais avec attendrissement, avec le plus vif intérêt, lorsque Jeannette est entrée, pâle, défaite, pouvant à peine articuler. « Des gen-« darmes... M. des Audrets... des agens « de la police... » Voila tout ce qu'elle a pu dire. La plume tombe de ma main...

J'ai besoin de me remettre, je continuerai mon récit, quand je pourrai donner de la suite à mes idées......

. . . .

D'après les mots entrecoupés, qui venaient d'échapper à Jeannette, notre premier mouvement à tous a été de courir à la croisée. Le château cerné, des escouades placées à toutes les portes, des Audrets donnant des ordres, qu'on exécutait avec des marques d'une déférence prononcée, tel a été le premier aspect, qui a frappé nos yeux, et qui m'a glacée d'effroi. Je me suis laissée aller dans les bras de M. d'Apremont. J'allais perdre l'usage de mes sens, lorsque des Audrets est entré dans le salon à la tête de quelques hommes, dont le caractère n'était pas connu encore, et de la brigade même qui devait nous protéger contre lui. Notre bon brigadier avait été obligé de conduire le monstre, qu'il hait presque autant que nous. Je

3.

lisais dans ses yeux, sur son front, les sentimens pénibles dont il était agité. L'horreur dont ce spectacle m'a pénétrée a rappelé mes esprits, prêts à s'éteindre : la crainte abat les êtres faibles; l'indignation les relève. Je n'ai rien perdu de ce qui s'est fait, de ce qui s'est dit.

Un de ceux qui suivaient des Audrets était porteur d'un ordre qu'il a communiqué avec quelque politesse. M. d'Apremont l'a lu d'un air calme et l'a rendu à l'inspecteur. « Partons, monsieur, lui a-t-il dit. Je suis prêt. » Des Audrets était triomphant. Il regardait cette scène avec une espèce de rire insultant, qui tenait de la rage. Ses yeux se portaient sur moi par intervalles, et je croyais voir le tigre prêt à s'élancer sur sa proie.

« Monsieur, me suis-je écriée, en
« parlant à l'inspecteur, on n'arrête pas
« un homme comme M. d'Apremont,
« sans lui faire connaître et ses accusa-
« teurs et le délit qu'on lui impute. Celui

« qui vous guide, a repris le bon curé,
« est souillé de crimes; on accumu-
« lera sur lui une masse de preuves suf-
« fisante pour l'écraser. »

L'inspecteur a répondu qu'il ne pouvait entrer dans aucune espèce de considération; qu'il ne devait pas avoir égard à des allégations qui lui étaient étrangères; qu'il n'était qu'un simple agent, mais qu'il espérait faire valoir la soumission avec laquelle M. d'Apremont se soumettait à l'ordre qui lui était intimé. Hé, comment ne pas se soumettre à une troupe de gens armés, quand on n'a pour soi que son courage, une femme éplorée, un prêtre et quelques domestiques dont l'opinion n'était pas encore formée!

Je n'étais plus rien. Mon cœur, tout mon être était concentré dans mon infortuné mari; j'étais lui, il était moi. Nos corps enlacés, douloureusement pressés, et fixés l'un à l'autre par des bras qui ne pouvaient plus s'ouvrir, nos corps n'en faisaient qu'un. Nos soupirs se répondaient ; nos vœux, nos craintes, nos peines étaient les mêmes, et s'exprimaient en même temps. L'infâme a eu l'audace de mettre la main sur moi; il voulait m'arracher à mon époux. M. d'Apremont m'a quittée, et furieux il a imprimé sur le visage de l'infâme cet affront que l'homme ne peut laver que dans le sang. « Qu'on s'assure « de lui, s'est écrié le monstre. » Aussitôt des subalternes ont tiré ces instrumens réservés au crime, et qui souvent ont fait pâlir l'innocence. Des fers, ma compâtissante amie, des fers pour M. d'Apremont !.... Son front est resté serein, et il a présenté ses mains pures avec une dignité qui semblait en imposer même à des gens étrangers à tout sentiment noble. Ce spectacle affreux a brisé mon cœur ; j'ai oublié le mépris, la haine, ce que je me dois à

moi-même; je n'ai vu qu'un époux vertueux traité avec infamie. Je suis tombée aux pieds du monstre et je lui ai demandé grâce. Il m'a repoussée. « Exé-
« cutez votre ordre, monsieur, a-t-il
« dit à l'inspecteur. Je reste, et je me
« conduirai à l'égard de madame selon
« que les circonstances l'exigeront. »

Le barbare a placé quelques gendarmes entre mon époux et moi. M. d'Apremont a étendu vers sa malheureuse épouse des mains chargées de fers. Je me suis élancée.... Des carabines, présentées en travers, m'ont retenue, et mes gémissemens seuls ont suivi le plus respectable des hommes. Il a disparu de devant mes yeux noyés de larmes.

Je n'étais plus soutenue par ces passions violentes et variées, qui avoient usé mes forces en les décuplant. Je suis tombée dans un affaissement profond, mais qui me laissait voir et juger ce qui se passait autour de moi.

Jeannette me faisait respirer des sels ; le curé me soutenait la tête. Mes femmes, mes domestiques m'entouraient et semblaient se consulter. Jérôme fixait le monstre ; ses poings étaient fermés, son air était menaçant. Il n'attendait qu'un mot, qu'un signal, et je n'osais le donner de peur de compromettre un époux, dont la position était enveloppée encore d'une impénétrable obscurité. Les portes étaient ouvertes ; je voyais des gendarmes aller et venir dans la chambre voisine.... Ce n'étaient plus ceux qui m'étaient dévoués, et que j'aurais trouvés prêts à me protéger.

Le maire du village, étonné, effrayé de l'enlèvement d'un homme tel que M. d'Apremont, étoit accouru auprès de moi, et m'offrait tous ses services. Les habitans, disait-il, étaient à mes ordres ; il me priait de me prononcer. Je ne désirais que la facilité d'exécuter un dessein que je venais de former au moment même où l'ordre avait été signifié à mon mari. Je voulais le suivre à Paris, employer les premiers talens pour établir son innocence, prodiguer les démarches, les sollicitations et l'or. Je voulais m'acquitter envers lui, en le rendant à la liberté, en le faisant régner sans partage sur un cœur qui lui appartient à tant de titres! J'ai prié le maire de faire retirer tout le monde et de rester avec moi et le curé.

Depuis quelques minutes, des Audrets méditait profondément. Ses projets m'étaient connus; mais j'étais entourée de manière à n'avoir rien à craindre, et il ne me paraissait pas présumable qu'il pût éloigner de moi des surveillans, qui me sont tendrement attachés, et dont quelques-uns ont un caractère public et respectable. Un scélérat adroit peut être embarrassé un moment; mais il triomphe des obstacles à force d'audace et et d'impudeur.

« Oui, a-t-il dit, que tout le monde
« s'éloigne, mais tout le monde sans ex-
« ception. Seul je dois veiller sur ma-
« dame. Et quels sont vos droits, mon-
« sieur, a repris le maire, pour la priver
« des secours de ses amis et de ses fem-
« mes ? — M. le maire, je vous parle au
« nom de l'empereur ; je vous déclare
« que si je rencontre la moindre oppo-
« sition au devoir que j'ai à remplir,
« vous en serez personnellement res-
« ponsable, et votre commune sera sou-
« mise à une exécution militaire. — Mon-
« sieur, en pareille circonstance je n'ai
« d'ordres à prendre que de mon préfet,
« et si vous n'en avez pas de supérieurs
« à me communiquer, c'est vous qui
« sortirez à l'instant. »

Des Audrets a paru étonné un moment. Mais bientôt, revenant à lui, il a
déployé une énergie qui a terrifié ceux
qui m'entouraient, et qui m'a laissée
sans ressources. « Monsieur, a-t-il dit

« au commandant des gendarmes, faites
« arrêter ce maire indigne de ses fonc-
« tions, ce maire qui s'oppose à l'exer-
« cice de l'autorité publique, et qui parle
« hautement de faire insurger contre
« elle les habitans de sa commune. Ar-
« rêtez-le, vous dis-je, et qu'il soit con-
« duit à Paris. Je vais rédiger un procès-
« verbal de ce que j'ai vu et entendu. »
Il s'est fait donner ce qui lui était nécessaire; il a écrit; il a lu à haute voix; il
a requis les signatures de tous ceux qui
étaient présens. Les gendarmes seuls ont
signé : ils l'ont fait avec connaissance de
cause, puisque les portes étaient restées
ouvertes, et qu'ils n'ont rien perdu de
ce qui s'est passé dans mon salon.

Le maire a protesté contre la violence
qu'on exerçait à son égard; on n'a tenu
aucun compte de ses réclamations. On
l'a saisi; on l'a entraîné; mes domestiques ont été expulsés de mon appartement; je me suis trouvée seule avec le

monstre, et l'aversion que je lui porte m'a rendu du courage et des forces nouvelles.

Il se préparait à parler, lorsque des vociférations, des menaces l'ont attiré à une croisée. Nos habitans étaient exaspérés du traitement indigne qu'avait éprouvé M. d'Apremont ; leur fureur n'a plus connu de bornes quand ils ont vu qu'on enlevait leur maire. Ils ont couru aux armes, et se sont mis en bataille sur la grande route. Des Audrets est sorti précipitamment, et j'ai conçu aussitôt le projet de m'évader. J'ai gagné le parc par des corridors, des escaliers dérobés, qui ne sont connus que des habitués du château. Un instant après, j'ai vu paraître Jeannette, qui me cherchait partout ; je me suis approchée d'elle. Nous raisonnions sur les moyens de franchir les murs, et je dois à l'excellente jeune femme la justice de déclarer qu'en ce moment, elle avait tout oublié pour ne s'occuper que de moi, nous cherchions, dis-je, à nous aider mutuellement pour sortir du parc, lorsqu'un feu roulant de mousqueterie nous a terrifiées, au point de nous rendre muettes et immobiles. Le sang a coulé, Claire, parce qu'un magistrat, honnête homme, a voulu me soustraire à l'oppression. Cette idée ajoutait, à ce que je souffrais déjà, une douleur profonde, un serrement de cœur insupportable.

Bientôt un lugubre et funeste silence a succédé au bruit des armes. Un instant après les cris, les gémissemens des femmes et des enfans ont frappé mon oreille, et ont achevé de m'accabler. Clouée à la place où j'avais été forcée de m'arrêter, j'étais incapable de prendre une résolution. Jeannette et moi nous nous regardions; la mort était dans nos cœurs, et nous ne trouvions pas une larme.

Un bruit plus alarmant encore, pour moi du moins, que le premier, nous a tirées de l'affaissement sous lequel nous allions, sous lequel je désirais succomber. Une insolente soldatesque, dirigée par le monstre, battait le parc dans tous les sens. Une joie féroce a brillé dans les yeux de l'infâme quand il m'a aperçue. Il m'a placée entre deux gendarmes, et ils m'ont contrainte à rentrer au château.

Il a prétendu avoir à m'interroger sur les détails de la conspiration, qui venait, disait-il, d'éclater, et d'être si heureusement comprimée. Il a laissé mes gardiens à l'antichambre, et il m'a traînée dans un arrière-cabinet, où je devais trouver la mort ou l'infamie. Combien j'ai été surprise, combien je me suis sentie soulagée, quand je l'ai vu s'asseoir à quatre pas de moi ! Il m'a adressé à peu près ce que tu vas lire.

« Jamais je n'ai daigné descendre avec
« vous jusqu'à la feinte, et je vais con-
« tinuer à m'expliquer avec franchise.

« Vous avez triomphé le jour où vous

« m'avez fait charger de fers, et où j'ai
« été jeté dans une prison. La fortune
« est inconstante, et c'est moi qu'elle
« favorise aujourd'hui. Je rends à d'A-
« premont tout le mal qu'il m'a fait, et
« je ne m'en tiendrai pas à cette faible
« et stérile vengeance ; je lui rendrai
« aussi le mal qu'il a voulu me faire.

« Vous avez adressé contre moi une
« plainte au ministre de la police, et je
« l'ai lue avant lui. Elle m'a été commu-
« niquée par un commis que j'ai gagné,
« sans savoir encore s'il me serait utile
« ou non. Mais la nature de mes projets
« devait me mettre en relation directe,
« et de quelque manière que ce soit,
« avec ce ministère. Les démarches mul-
« tipliées que j'ai faites depuis quelque
« temps m'ont coûté cher ; mais j'em-
« ploie à vous réduire les biens de l'é-
« pouse qu'il vous a plu me donner.

« Vous sentez que me suis hâté de
« prévenir d'Apremont : j'ai toujours

« été persuadé que la première impres-
« sion est la plus durable. J'ai demandé
« une audience particulière au ministre,
« et je lui ai remis une lettre du marquis
« de Terrefort, que votre mari a reçue
« il y a six mois, à laquelle il n'a donné
« qu'une très-légère attention, et qu'il
« a totalement oubliée. Il n'y a dans
« cette lettre qu'une phrase qui annonce
« des vœux directs contre le gouverne-
« ment actuel; mais un mot suffit pour
« alarmer ceux qui ne règnent que par
« la force. Le ministre a rougi, il a pâli,
« et m'a fait plusieurs questions. Je me
« suis paré de cet air, de ce ton de pro-
« bité, de dévouement, de bonne-foi,
« qui a trompé d'Apremont pendant
« quinze ans, et dont le ministre a été
« complétement dupe. Il m'a présenté
« alors la plainte que j'avais ordonné
« qu'on mît au porte-feuille, et il a été
« au-devant de mes moyens de défense,
« en remarquant que d'Apremont de-

« vait craindre un sujet aussi fidèle,
« aussi dévoué que moi, et qu'il était
« naturel qu'il cherchât à me perdre,
« pour empêcher mes révélations, ou
« du moins pour en affaiblir le poids.
« On joue, on trompe tous les hommes,
« quand on est assez fort pour être tou-
« jours maître de soi.

« Le ministre m'a ensuite parlé de vous.
« Je vous ai peinte telle que vous êtes,
« jeune, fraîche, très-jolie, bégueule,
« et simple au point qu'il est impossible
« que votre mari vous confie rien de sé-
« rieux. J'étais intéressé à vous conser-
« ver la liberté : ce n'est pas dans une
« prison, c'est dans un appartement
« commode et somptueux que je veux
« voir ma maîtresse.

« Il n'est pas de ministre qui ne s'em-
« presse de se faire honneur de ce qu'il
« ne doit qu'au hasard, ou à des vues
« particulières. Celui-ci a couru à l'Ely-
« sée-Bourbon, et comme il n'a pas l'art

« de deviner, il a fallu qu'il déclarât que
« c'est à mes recherches, à mon adresse,
« à ma persévérance que le monarque
« doit la découverte de cette conspira-
« tion. Il a probablement ajouté qu'il a
« le mérite de déterrer les talens dans
« l'obscurité, et de les rendre utiles à
« son maître.

« Plus le ministre attachait d'impor-
« tance à sa prétendue découverte, plus
« il croyait se faire valoir, et plus il me
« rendait intéressant. Je ne veux pas
« d'autre preuve de ma pénétration sur
« des choses, qui n'ont pu m'être ren-
« dues, que la conduite du monarque à
« mon égard. Il a eu la bonhommie de
« me faire donner mille Napoléons, et
« quand il a su que je suis gentilhomme,
« que j'ai de l'esprit et des connaissances,
« il m'a nommé a une place éminente,
« qui me servira à perdre tous mes en-
« nemis les uns après les autres.

« Je sais que le souverain aime les

« plats valets; j'ai paru reconnaître sa
« munificence en me chargeant moi-mê-
« me de diriger ceux qu'on avait chargés
« d'arrêter d'Apremont. Je voulais vous
« voir, vous parler, jouir de la douleur de
« votre mari, et c'est à l'importance de
« ma place que je dois l'obéissance aveu-
« gle de tous ceux que vous avez vus ici.

« Voilà pour le passé. Occupons-nous
« maintenant de l'avenir. Je n'avais con-
« tre d'Apremont que des armes incer-
« taines; vous venez de m'en fournir,
« dont l'effet ne peut être douteux. Les
« propos indiscrets du maire, l'espèce
« d'insurrection qui vient d'éclater, don-
« neront à l'accusation que j'ai portée
« contre votre mari un caractère d'évi-
« dence, qui entraînera nécessairement
« les juges. Il payera de son sang le
« bonheur de vous avoir possédée et les
« obstacles qu'il a opposés au succès de
« mes vœux.

« Vous ne supposez pas sans doute,

« qu'en vous rendant la liberté de dis-
« poser de vous, j'aie pour but de vous
« réunir à votre amant. S'il doit être
« votre époux, il ne le deviendra que
« lorsque j'aurai éteint dans la jouis-
« sance l'amour qui me dévore. Ce n'est
« pas de votre mari que je vous parlerai
« désormais : vous ne tenez pas à lui
« par des nœuds assez forts pour sacri-
« fier à sa conservation ce qu'il vous
« plaît d'appeler votre honneur. C'est
« l'amour que vous avez pour Jules,
« c'est votre attachement à votre père,
« qui vous rendront docile à ma vo-
« lonté.

« Je n'ai aucune pièce à produire con-
« tre eux; mais j'en ferai. Voilà une let-
« tre de Londres : voyez-vous ce tim-
« bre? Rien n'est si facile que de le
« contrefaire. Je leur fabriquerai une
« correspondance avec des émigrés ; je
« la ferai cacher par une main sûre,
« dans leurs papiers, dans les murs du

« château de Velzac, je la ferai enterrer
« dans les jardins. On la trouvera quand
« je le voudrai, et on n'ira pas à Londres
« vérifier les signatures : tout gouverne-
« ment oppresseur est nécessairement
« soupçonneux ; il croit que son exis-
« tence tient à la plus active sévérité.
« Quand il a commencé à être tyranni-
« que, il ne craint pas de commettre
« une injustice de plus. Il fait fusiller,
« et il trouve des gens qui légitiment
« tout dans l'opinion publique.

« Je me résume en deux mots : Voulez-
« vous être à moi, ou voulez-vous que
« votre amant et votre père meurent ? »

Ah ! Claire, jamais créature s'est-elle
trouvée dans une position aussi horrible ?.... Je croyais n'avoir à craindre que
pour M. d'Apremont, et tous les coups
me menacent à la fois. Jules !.... mon
père !.... traités en criminels et traînés au
supplice par le plus infâme calomnia-
teur ! Jules !.... Jules !... Je suis tombée

aux pieds du misérable ; je lui ai demandé grâce pour moi, pour ce qui m'est plus cher que la vie, pour celui, pour ceux dont le souvenir seul m'a fait supporter l'existence. J'ai mouillé ses genoux, ses mains criminelles de larmes amères. — « Ce ne sont pas des pleurs
« que je vous demande, et ceux que
« vous versez vous servent mal : ils vous
« rendent plus touchante ; ils ajoutent à
« mon ardeur. »

Il m'a relevée ; sa bouche a souillé mes lèvres ; sa main.... J'ai essayé de me défendre ; j'allais crier.... « Si vous dites
« un mot, Jules est mort. Voyez-
« le tombant sous le plomb meur-
« trier, entendez le dernier soupir s'é-
« chapper de sa poitrine ; voyez cette
« figure charmante sillonnée par les
« coups, et couverte des ombres de la
« mort ; contemplez votre ouvrage, et
« applaudissez-vous de votre résistance
« à mes volontés. »

Cet affreux tableau m'a tuée. J'ai couvert mon visage de mes mains ; j'ai fermé mes yeux.... Oh ! si j'avais pu ne les rouvrir jamais !... « Voulez-vous que « Jules meure ? a-t-il répété d'une voix « effrayante..... » Que pouvais-je répondre !... Ses efforts, ses succès se suivaient avec une effrayante rapidité.... » « Vous voulez donc qu'il périsse, répé-« tait-il, à chaque obstacle qu'il ren-« contrait..... »

. . . .
. . . .
. . . .
. . . .
. . . .
. . . .

C'en est fait, le crime a triomphé, la vertu a péri ; je suis avilie, déshonorée, et je ne peux mourir ! Le monstre m'ordonne de vivre et de vivre pour lui. « Je vous pardonne, pour cette fois,

« m'a-t-il dit, l'aversion que vous m'avez
« marquée, même au milieu de mes
« transports. Mais que je n'en retrouve
« plus de traces, quand je m'approche-
« rai de vous. Que la haine, que vous
« me portez, se cache sous un air
« riant ; que vos caresses répondent
« aux miennes; qu'elles les préviennent
« même. Jouez l'amour, et jouez-le bien.
« Cet art est celui de beaucoup de fem-
« mes; vous y excellerez comme une
« autre, quand vous voudrez en pren-
« dre la peine, et vous le ferez, si vous
« voulez conserver votre amant.

« Tels sont les ordres que je vous
« ai donnés un jour, à une époque où
« je me croyais sûr de vous. Vous m'a-
« vez échappé alors ; maintenant vous
« êtes à moi. N'attendez de ma part au-
« cun de ces soins, de ces égards, de
« ces petitesses qui dégradent les hom-
« mes du siècle ; je suis votre maître par

« la force des circonstances, et c'est elle
« qui vous soumettra à mes moindres
« fantaisies.

« Ne pensez pas à vous affranchir, en
« vous donnant la mort ; elle entraînerait
« celle de Jules. Je ne m'éloignerai de
« vous que lorsque je serai las de vos fa-
« veurs. Résignez-vous et obéissez.

« Je ne me soucie pas de me re-
« léguer dans une campagne. Vous
« partirez à l'instant pour Paris, sous
« le prétexte de solliciter les juges de
« votre époux. Vous ferez, si vous
« le voulez, les démarches prescrites
« par l'usage ; mais vous serez chez vous
« aux heures que je vous indiquerai ;
« vous donnerez ordre que les portes
« me soient ouvertes, et qu'elles le soient
« pour moi seul. Je vous défends de re-
« cevoir des gens, qui, étonnés de me
« trouver avec vous, pourraient passer
« des conjectures aux recherches, et
« finiraient peut-être par éclairer l'au-

« torité. Vous m'avez entendu ; vous
« savez quelle vie dépend de votre do-
« cilité ; je n'ai plus rien à vous dire. »
Il a ouvert les portes.

« Madame est innocente, a-t-il dit,
« à haute voix, et elle doit être respectée.
« Partons, messieurs, notre mission est
« remplie. »

Dès que je me suis trouvée seule, j'ai porté les yeux sur moi, et je n'ai trouvé qu'une malheureuse victime de la plus atroce scélératesse. Un trait acéré était enfoncé dans mon cœur, dans ce cœur sanctuaire de l'amour, et j'ose le dire, de toutes les vertus. La vie m'était odieuse, insupportable. Dix fois, je me suis levée pour en terminer le cours ; dix fois l'image de Jules a arrêté mon bras. Infortunée ! je ne peux me résoudre à lui donner la mort, et pour qu'il vive, il faut que je me voue aux plaisirs de l'infâme. Oh ! Claire, Claire, je ne crois pas que la tyrannie la plus féroce, la plus recherchée ait jamais inventé un supplice égal au mien.

Je me suis crue au comble du malheur, quand j'ai livré à M. d'Apremont des trésors, qui devaient n'appartenir qu'à l'amour. Insensée! c'était du moins à la vertu que je me sacrifiais, et maintenant je suis le jouet de ce que le vice a de plus bas et de plus dégoutant.

Le monstre et ses satellites sont partis. Jeannette attendait ce moment, pour venir pleurer près de moi. Mes yeux sont secs, enflammés; ils me refusent des larmes; ma bouche est brûlante; mon sein est meurtri; je suis dans un état déplorable, et je ne meurs pas! et je n'ose désirer la mort! la bonne jeune femme a prévu tout ce qui est arrivé. Elle et son mari se sont présentés à chaque instant, et on les a constamment repoussés : ce jour était marqué pour ma ruine absolue. Plus d'avenir pour moi, puisque je suis morte à l'espérance. Indigne de l'époux le plus respectable, de l'amant le plus délicat, que serai-je désormais qu'un être dégradé, et qui chaque jour ajoutera à son avilissement ?

Oh! Jules, Jules, apprécie mes tourmens. C'est à toi que je les offre, c'est pour toi seul que je peux les supporter. Quel amour m'a donc inspiré ce malheureux jeune homme, pour que je préfère sa vie à la mienne, à mon honneur, à celui de mon mari ! il faut que je parte, j'en ai reçu l'ordre, et comment me présenter devant M. d'Apremont, que je pouvais sauver, en faisant pour lui ce que j'ai accordé à la conservation de Jules! épouse ingrate, tu serais déshonorée sans doute ; mais il vivrait. Tu n'as pu que retarder ton ignominie, et tu perds ton bienfaiteur! quelle foule d'idées, de réflexions me tourmentent sans relâche. Jeannette pleure ; elle me répond par des mots ; pas une pensée consolante à opposer à mon désespoir. Hé! que pourrait-on me dire? Mon opprobre est consommé; toutes les puissances ne peuvent faire qu'il ne le soit pas, et pour comble de maux, il faut que je parte, que je parte pour aller recevoir encore le monstre dans mes bras, pour descendre au-dessous de la condition de la brute. Non, la brute ne connaît pas les jouissances du cœur; mais au moins la force n'obtient rien d'elle contre sa volonté. Et moi.... Et moi!...

Tout-à-coup Jeannette est sortie de l'accablement profond dans lequel elle était tombée. Sa figure s'est animée; elle m'a conjuré d'espérer la fin prochaine de mes maux. Son mari m'est dévoué, dit-elle, il l'aime, il est révolté, furieux de ce qui s'est passé, il ne respire que vengeance, il fera tout ce qu'on exigera de lui. Qu'on le cache, bien armé, dans un cabinet de mon appartement, et que le monstre trouve lui-même la mort qu'il prépare à l'innocence; qu'il la reçoive au moment même de commettre un crime nouveau.

Cette idée m'a rendu un moment l'usage de mes facultés. J'ai senti qu'on peut trouver un plaisir extrême à se venger. Déjà j'entrevoyais la fin de mon supplice, j'assurais la vie de Jules, celle de M. de Méran, je pouvais me flatter de conserver celle de mon époux. Bientôt j'ai entrevu les dangers inséparables de l'exécution d'un tel projet. Un homme assassiné chez moi, sans que je puisse donner la moindre preuve de ses forfaits; l'auteur du meurtre, poursuivi, condamné ; moi-même considérée comme sa complice et partageant son triste sort.... Sans doute je peux disposer de ma vie, la sacrifier à ce que j'adore, entreprendre seule cette grande action.... Mais si ma main tremblante, affaiblie, égarée, ne répond pas à ma volonté, j'aurai frappé à la fois mon amant et mon père ; j'entraîne dans leur chute Jérôme qui m'aura indirectement secondée ; j'ôte un mari à sa femme, un père à son enfant.... Non, non, je n'y peux consentir.

« Partons, ai-je dit à la jeune femme. « Mon sort est affreux, il m'épouvante, « il me désespère ; mais n'attendons de « secours que du ciel ; les hommes ne « peuvent plus rien pour moi. »

Je crains que le monstre soit assez puissant pour violer impunément le secret des lettres. Je t'envoie ce paquet par un exprès, par un ami de Jérôme, qui courra jour et nuit. On n'a point d'intérêt à lire ta correspondance, et l'éloignement où tu es de Paris, me rassure totalement. Claire, ma bonne, ma seule amie, écris à ce malheureux, dont je ne prononce plus le nom sans rougir. Dis-lui qu'il ne perde pas un moment, qu'il passe en Espagne avec mon père; qu'ils se jettent tous deux au milieu des troupes espagnoles ; que mon père déploie ses brevets · qu'il se décore de son cordon rouge. Les appuis des Bourbons accueilleront l'homme, qui les a si bien servis. Je te le repète: qu'ils ne perdent pas un moment. Un scélérat viole aisément sa promesse, et celui-ci, fatigué un jour de ce qu'il appelle mes faveurs, peut se faire un plaisir cruel de frapper l'infortuné, qui a conservé mon cœur, même au milieu des tourmens que le vice me fait éprouver.

CHAPITRE III.

Quel titre lui donner ?

Me voilà en route pour Paris. Je pense avec horreur que je ne fais point un pas qui ne me conduise à des affronts, à de nouvelles infamies. Oh, qu'il me tarde de recevoir ta réponse ! Qu'elle m'apprenne que mon père et mon amant sont en sûreté, et j'aurai peut-être le courage de tenter ce que Jeannette voulait faire exécuter à son mari. C'est me vouer à l'échafaud, je le sais ; mais je serai vengée, et la mort n'est-elle pas mille fois préférable à un supplice de tous les jours ?

Il est des momens, où je suis tellement pénétrée de mon épouvantable situation, que je me décide à ne pas descendre à l'hôtel, à me cacher dans un coin ignoré, à voir en secret les juges de M. d'Apremont, à leur dévoiler dans toute son étendue la trame odieuse, dont je suis la victime, à pénétrer jusqu'au trône, et à demander partout appui et justice. Mais quelle confiance accorder à celle qui se porterait accusatrice contre le dénonciateur de son époux, et comment déterminer l'infortunée qui a été forcée à épouser ce monstre, à le déshonorer publiquement en produisant les preuves de crimes antérieurs à celui qu'il a commis sur moi? N'a-t-elle pas le nom et l'état de son fils à conserver? Quelle justice attendre d'ailleurs d'un gouvernement ombrageux, qui encourage et récompense la délation? Non, je le répète, je ne peux rien attendre des hommes. Il faut souffrir aujourd'hui, souffrir demain, souffrir toujours. Et ne pas oser finir !

Déjà je distingue le dôme des Invalides. Dans une heure je serai chez moi ; dans une heure, peut-être, je recevrai des ordres, auxquels il faudra me soumettre sans résistance. Il faudra rappeler le sourire sur mes lèvres ; il faudra le feindre au moins. Est-il vrai qu'il y ait des femmes qui, pour un peu d'or, se donnent à des hommes qu'elles détestent ? Par quels efforts sont-elles donc parvenues à ce degré de dépravation ?

Je l'avais prévu, il sort d'ici. Hélas ! il est aussi impossible de se venger du monstre que de lui résister. Rien n'échappe à sa pénétration, et il n'est pas de précautions qu'il ne prenne. Il a réfléchi, dit-il, aux conséquences qu'entraîneraient ses fréquentes visites chez moi, et il exige que j'aille le trouver chez lui. Les attributions de sa place ouvrent sa porte à une foule de gens au milieu desquels je ne serai pas distinguée, et quand on me remarquerait, on trouverait naturel que l'affaire de mon mari me pousse indistinctement chez ceux qui peuvent lui nuire, comme auprès de ceux que je crois lui pouvoir être utiles. Je te fais grâce de ses expressions. Il joint constamment celles de la débauche à l'ironie et à l'insulte.

Il m'a prescrit, en sortant, d'être chez lui dans une heure. Mes premières démarches, en arrivant à Paris, ne seront donc pas pour mon époux ! Elles ajouteront à ma honte et à la sienne. Les réflexions, les raisonnemens sont désormais inutiles. Il faut que je me courbe sous la main de fer qui m'écrase.

Quel jour ! quelle nuit ! je suis entrée chez l'infâme, accablée, à demi-morte. J'ai cru que j'exhalerais enfin le peu de vie qui me reste. Mais rappelée sans cesse à l'idée de Jules accusé, condamné, exécuté, je le suis aussi à l'existence, au désir de ma conservation. J'ai traversé une file de gens de tout sexe, de tous les âges, de toutes les conditions. On m'a annoncée. Ceux qui attendaient ont paru envier la préférence qu'on m'accordait. Hélas! ils ne se doutaient pas qu'on hâtait mon supplice. J'ai été introduite dans son cabinet. Il était entouré de sept à huit hommes très-décemment mis, mais d'assez mauvaise mine. Il s'est hâté de les congédier; mais j'ai eu le temps de reconnaître que cet emploi éminent, dont les attributions sont si étendues, n'est autre chose qu'une place supérieure à la haute police. Ainsi, sa naissance, son esprit, son usage du monde sont pour lui des armes perfides, à la faveur desquelles il s'insinue au sein des familles, il en épie les démarches, il en surprend les opinions, il en interprète le silence. Malheur à qui lui déplaira; mort assurée à qui voudra l'arrêter dans ses projets quels qu'ils soient.

« Vous pourriez être tentée, m'a-t-il
« dit, quand nous avons été seuls, de
« singer la belle Judith, ou cette bé-
« gueule de Lucrèce, et je ne veux pas
« plus l'un que l'autre. Je vais m'as-
« surer que vous n'avez point d'armes
« cachées. Quittez vos vêtemens. » Je balançais à me soumettre à cette nouvelle infamie; il s'est précipité sur moi. Il allait tout mettre en lambeaux; il a fallu lui obéir encore. J'ai été en butte pendant deux heures à ce que la débauche a de plus dégoûtant. O mon Dieu, mon Dieu, votre bras vengeur ne s'armera-t-il jamais pour moi ! Le plus cruel de mes maux était d'être obligée de lui paraître aimable, sensible, de lui rendre ou de provoquer ses affreuses caresses, de jouer l'amour enfin, quand je ne trouvais dans mon cœur qu'un insurmontable dégoût et les glaces de la

mort. Et je ne peux espérer d'autre prix du plus horrible sacrifice, que l'espoir de conserver la vie de l'homme adoré. Jamais, non jamais je n'oserai fixer mes yeux sur les siens. Jamais je ne retrouverai ces baisers délicieux, qui faisaient le charme du présent, et dont je vivais pour l'avenir. Jamais ses lèvres n'approcheront mes lèvres polluées. Je ne le permettrais pas.

« Vous avez passablement joué votre
« rôle aujourd'hui, m'a dit enfin le
« monstre. Je suis assez content de vous,
« et je veux vous marquer ma satisfac-
« tion. D'Apremont est au secret ; voici
« un ordre, qui vous ouvrira les portes
« de sa prison. Allez contempler cette
« tête, qui bientôt n'existera plus, et
« souvenez-vous, en la voyant, que
« jamais je ne menace en vain. Je n'ai
« plus besoin de vous. Sortez. Je vous
« ferai connaître demain ma volonté. »

Quand, et comment finira donc cette atroce tragédie !

Je suis rentrée à l'hôtel, fatiguée, excédée, torturée de toutes les manières. Je sentais la nécessité d'agir sans délai en faveur de mon mari.... Mon mari!.... Mais je ne pouvais me soutenir. Je me suis laissée mettre au lit.

Je n'ai pu reposer. Si je cédais un moment au sommeil, des songes épouvantables me réveillaient en sursaut. Jeannette m'ouvrait ses bras; elle me pressait sur son sein, elle me rendait quelque calme.

J'ai craint qu'une maladie violente soit la suite de ces scènes de désolation. J'ai voulu rendre utiles à M. d'Apremont les derniers momens dont je pouvais disposer encore; je me suis fait habiller; j'ai demandé ma voiture. Je suis partie, accompagnée de ma fidèle Jeannette; je suis descendue chez M. d'Estouville. Je le connais peu , et je n'ai jamais eu à me louer de lui. Mais je connais moins encore madame de Valny, et j'ai besoin d'un guide, qui dirige mes premiers pas dans une ville où je suis étrangère, dans une affaire de la plus haute importance, où je ne trouve encore qu'obscurité , et que sujets d'alarmes.

Je m'attendais à être accueillie au moins avec bienveillance. Peut-on ne pas courir au-devant des malheureux avec qui on est en relation et auxquels on peut être utile ? M. d'Estouville ne m'a marqué que cette politesse froide , qui éloigne, parce qu'elle prouve une indifférence totale. Je me suis bornée à demander s'il avait transpiré quelque chose des circonstances de cette affaire.

M. d'Estouville a ouvert et refermé les portes. Après s'être assuré que personne ne pouvait nous entendre, il s'est

étendu sur l'imprudence de M. d'Apremont, sur le choix irréfléchi des moyens qu'il a employés pour servir la cause des Bourbons. « Sans doute, a-t-il dit,
« il ne désire pas plus que moi le réta-
« blissement de cette auguste famille;
« mais l'exemple du général Mallet de-
« vait lui avoir appris le danger, et l'im-
« puissance des commotions partielles.
« Cependant il ne s'est pas borné à éta-
« blir une correspondance avec l'Angle-
« terre, il a travaillé l'esprit de ses
« paysans; il a gagné le maire; il a mis
« un village en insurrection. Il s'était
« flatté sans doute que cet exemple se-
« rait suivi, et une fatale expérience
« vient de le convaincre que le temps
« seul mûrit tout, et que brusquer les
« choses, c'est renverser les espéran-
« ces les mieux fondées, redoubler
« l'activité du gouvernement, et mul-
« tiplier ses précautions. Les journaux
« ont dû vous apprendre ce que je viens

« de vous dire. Je ne sais que ce que j'ai
« lu, et je me garderai bien de cher-
« cher sur cette affaire des renseigne-
« mens plus positifs : je me rendrais
« suspect, sans pouvoir être utile à
« M. d'Apremont. Les alliés font des
« progrès rapides; du milieu de la Cham-
« pagne, ils semblent menacer Paris. Ce
« n'est que d'eux que vous pouvez es-
« pérer quelque chose. Donnez à votre
« mari un défenseur habile et surtout
« adroit. Qu'il ne s'occupe qu'à prolon-
« ger ce procès. Nous touchons peut-être
« au moment où l'autorité sera forcée
« d'oublier les affaires particulières. »

Je me suis empressée de rétablir les faits dans toute leur intégrité. Je suis entrée dans les moindres détails. J'ai déclaré tout, à l'exception du dénouement affreux où le monstre m'a conduite.
« Ces moyens de défense, a repris sé-
« chement M. d'Estouville, peuvent
« persuader les juges, et c'est pour eux

« qu'il faut les réserver. Pénétrez-en bien
« votre avocat, et voyez souvent le rapporteur de cette affaire. »

Il m'a ensuite priée de lui faire grâce à l'avenir de visites, qui seraient sans fruit pour moi, et non sans danger pour lui. Je suis sortie indignée. Cet homme oublie que son neveu a été élevé, protégé, comblé de bienfaits par mon père. Voilà les hommes! L'intérêt personnel étouffe tout, jusqu'à la reconnaissance. Ils évitent soigneusement ce qui peut porter atteinte à ce mobile unique de leurs actions. Les premiers effets de la civilisation sont le rapprochement des hommes. Mais la civilisation amène le luxe, le luxe la dépravation, et la dépravation isole, et dessèche le cœur.

J'ignorais à quel point M. d'Apremont était instruit des moyens dirigés contre lui. J'ai cru ne pouvoir me dispenser d'acquérir des connaissances plus positives, et de lui aider à porter le flambeau dans ce dédale d'iniquités. J'ai fait venir les journaux, et cette lecture m'a fait frissonner. On parle de M. d'Apremont comme d'un homme capable de tout; on calomnie son moral, on insulte à son physique. On ne conçoit pas qu'il s'avise de conspirer, à un âge, où on n'ambitionne ordinairement que des jours et une fin paisibles. On termine cette longue et insolente déclamation, par laquelle on croit le rendre odieux et ridicule, en traduisant au tribunal de l'opinion le chef essentiel d'accusation : on a trouvé dans une lettre, datée de Londres, cette phrase, preuve irrécusable d'animosité contre le gouvernement actuel, et de complicité avec les ennemis extérieurs. *La tyrannie, qui pèse sur la France, ne peut durer long-temps; ses excès même hâteront sa chute. Attendons avec patience le rétablissement de l'autorité légitime.*

Attendons *avec patience!* Celui qui

s'exprime ainsi, ne conspire pas ; celui à qui il écrit ne peut être un conspirateur. L'espoir renaît dans mon âme. Mon époux sera rendu à la vie et à la liberté. Je cours, je vole lui porter des consolations.

Je me suis arrêtée à la porte de ce lieu, redoutable même pour l'innocent. J'ai fait un retour sur moi-même. Je ne suis pas coupable sans doute ; mais je n'en suis pas moins une femme dégradée, indigne d'un honnête homme, et si M. d'Apremont pouvait lire sur mon front le crime que j'ai été obligée de partager, sa douleur préviendrait le coup que la mort se dispose à lui porter. Ma main est sur le marteau ; elle ne peut le soulever. Un tremblement général s'est emparé de moi.... Je ne suis pas coupable ! ai-je dit. Ah ! je le répète, si c'était pour lui que je me fusse prostituée, une voix intérieure ne s'élèverait pas contre moi. Elle me crie que je n'ai rien fait que pour mon amant, et que dans cette affaire l'innocence de Jules n'empêche pas que je sois une femme adultère. L'enfer est dans mon cœur; je ne peux supporter tant de maux; ils m'écraseront. Dieu le veuille !

Je cherche à m'étourdir sur les idées funestes qui m'obsèdent ; je frappe, j'entre, je communique l'ordre de mon admission, on me conduit, la clef tourne, la porte crie.... Une sueur froide coule de toutes les parties de mon corps.

Il était assis près d'une mauvaise table, qui soutenait son coude, sur lequel il appuyait sa tête. Un mauvais lit; des rideaux dont on ne distingue plus la couleur; quelques fauteuils, dont l'étoffe est en lambeaux; un plafond presque noir ; une chandelle allumée à midi, dont la pâle et triste lueur ajoute à l'horreur du lieu; voilà le tombeau où j'ai trouvés ensevelis l'honneur, la probité, la vertu.

Au bruit que j'ai fait en entrant, il a soulevé sa tête. Il portait sur son front le calme qui distingue l'homme exempt de tout reproche. Il se croyait séparé de l'univers entier, et il retrouvait celle qui lui tenait lieu de ce qu'il avait perdu.... celle qui, deux jours plus tôt, était digne en effet de lui faire tout oublier. Il s'est levé précipitamment ; il s'est jeté dans mes bras ; il m'a couverte de baisers.... Ah ! Claire, il me semblait que ces baisers effaçaient l'empreinte du crime ; je me sentais en quelque sorte purifiée.

Je voulais lui rendre compte de ce que j'avais fait, le prier d'ordonner ce qu'il voulait que je fisse, chercher avec lui des moyens de défense, les discuter, les choisir ; le geôlier était là, toujours là. Nous sentions la nécessité de nous parler confidentiellement, et tu sens que dans la position où nous étions l'un et l'autre, un témoin nous réduisait au si-

lence. J'ai prié cet homme de se retirer : il m'a répondu que l'ordre portait que je verrais mon mari, mais que nous ne serions pas seuls. « Le monstre, a dit
« M. d'Apremont, veut que je vous
« voie encore, pour que je sente mieux
« ce que je vais perdre. Il m'envie un
« dernier moment, qui pourrait me
« consoler de tout. » Je lisais dans ses yeux qu'il ne tenait plus à la vie que par moi, et qu'il brûlait de m'en consacrer le reste. J'ai tiré une bourse pleine d'or; je l'ai présentée au geôlier. Cet homme a détourné la vue. Je lui ai offert une somme plus forte, je l'ai supplié; il s'est retiré à l'extrémité de la chambre; j'allais le maudire, quand je l'ai surpris essuyant une larme qui s'échappait malgré lui. « Ici les murs ont des yeux, m'a-t-il
« dit à voix basse. Je me perdrais, ma-
« dame. — Je vous dédommagerai de
« ce que vous aurez perdu. — Vous ne
« m'arracherez pas d'un cachot; vous ne

« détacherez pas mes fers. Ce que vous
« demandez est impossible. Je gémis de
« vous refuser. » Ainsi un geôlier est
plus sensible que l'infâme à qui je me
suis livrée, et qui ne m'a permis d'entrer
ici que par un raffinement de cruauté.

Je me suis approchée du malheureux;
je me suis assise près de lui; j'ai pris ses
mains dans les miennes. Pour la première
fois je lui ai parlé amour, et ce sentiment était dans mon cœur. Oh! combien mon époux m'était précieux, com-
paré à l'homme, des bras duquel je
sortais! J'appuyais ma joue à la sienne;
je la mouillais de mes larmes. « Ah! s'est-
« il écrié, il fallait donc que ma tête fût
« proscrite, pour que je jouisse du mo-
« ment le plus doux que j'aie goûté de
« ma vie! » Cette réflexion m'a attérée.
Elle m'a présenté tout l'odieux de ma
conduite, depuis que je suis unie à cet
excellent homme. Les illusions du monde
et du cœur s'évanouissent sous les ver-

roux. On s'y trouve ce qu'on est réellement. Le front de mon mari était serein, et j'étais bourrelée de remords.

Cette scène de tendresse et de douleur s'est prolongée long-temps. Il a fallu enfin revenir à soi-même et s'occuper des moyens de sauver l'innocence. Le maire, le bon curé de notre village sont enfermés dans cet enfer : le monstre a enveloppé dans sa vengeance jusqu'à ceux qui nous ont marqué quelque pitié. Ils ont subi un interrogatoire, et on leur oppose des faits altérés, chargés, envenimés de toute la rage du crime. J'ai pris le nom et l'adresse du juge chargé de l'enquête. Je n'avais à opposer à sa conviction que le malheur et les larmes. Mais je suis jeune ; la douleur ne m'a pas flétrie encore ; un juge est un homme ; il ne repousse pas une femme suppliante ; il écoute, et la beauté éloquente entraîne quelquefois. Je me suis arrachée des bras de M. d'Apremont, je suis revenue à lui ; le geôlier m'a entraînée ; je me suis jetée dans ma voiture ; je n'ai pu répondre aux questions multipliées de Jeannette ; je suis arrivée chez le juge.

Sans doute l'altération, le désordre qui régnaient dans tout mon être, dans le son de ma voix, dans la tournure de mes phrases, ont fait juger aux laquais que ma raison était aliénée. Pendant un quart-d'heure d'instances, de supplications, je n'ai essuyé que des refus, plus ou moins durs, plus ou moins humilians. Je suis descendue ; j'ai écrit chez le portier ; j'ai fait monter Jeannette, et j'ai attendu, pour savoir s'il serait permis à une femme mourante de prendre la défense de son époux.

On est venu me dire que Monsieur dînait, et qu'il me recevrait dans une heure. Quoi ! des juges, qui vivent, pour ainsi dire, au milieu des malheureux, ne savent-ils pas ce qu'est une heure ? Ignorent-ils que les ressorts d'une frêle machine se brisent enfin à force de tourmens ? Que dis-je ? on ne compâtit point à des maux qu'on ignore, et personne au monde ne pouvait se faire une idée de ce qui se passait dans mon intérieur.

Où user cette heure éternelle ? à quoi l'employer ?... Me voici rentrée chez moi ; je t'écris, tu entendras, toi, le langage de la douleur ; ta réponse, que j'attends, sera noyée de tes larmes ; je la déchiffrerai, je te devinerai.

As-tu écrit à cet autre infortuné ? Mon père et lui sont-ils en sûreté ? Qu'ils s'occupent de leur salut, je les en conjure. Je mourrai de mille morts, s'ils périssent.

Je suis retournée chez ce juge. J'ai trouvé un homme affable, compâtissant, mais rigoureusement attaché à ses devoirs. Il ne peut, m'a-t-il dit, se former une opinion que d'après les pièces qui lui ont été remises, et elles sont d'un effet effrayant. Il ne m'a point dissimulé que j'ai tout à craindre pour M. d'Apremont ; il m'a pressée de voir un avocat ; il m'en a indiqué un, qui joint à un talent remarquable un tel amour de la gloire de son état, qu'il se chargerait avec empressement de cette affaire, ne dût-elle lui rien rapporter. Il a fini, comme M. d'Estouville, en me priant de ne pas donner lieu, par des visites multipliées, à des idées de séduction, auxquelles ma brillante fortune pourrait donner un certain poids. Cette espèce d'injonction ne m'a point affectée : cet homme est jaloux de sa réputation de magistrat intègre ; il m'a témoigné de la compassion, de l'intérêt ; c'est tout ce que je pouvais attendre de lui.

Je n'ai pas perdu un moment. Je suis entrée chez l'avocat chargée de ce que les pronostics du juge avaient ajouté à mes alarmes. Je lui ai parlé longuement,

et sans doute je me suis répétée souvent : c'est le propre de la douleur de craindre de n'être pas assez entendue, et de ne pouvoir faire passer dans l'âme de celui qui écoute l'intérêt pressant qu'on voudrait lui inspirer. L'avocat m'a prêté une attention soutenue, une patience inaltérable, et il n'a cessé de me marquer la bienveillance la plus encourageante. « Je ne vois pas, m'a-t-il dit
« enfin, cette affaire sous des rapports
« défavorables. Il est du devoir de l'homme
« chargé d'un ministère public de
« porter un œil scrutateur et sévère
« jusque dans les moindres détails. Il
« passe légèrement sur les circonstances
« atténuantes, que mon devoir, à moi,
« est de développer et de faire valoir.
« Tous les habitans du village n'ont pas
« pris part à une émeute qu'on veut
« faire passer pour une insurrection
« générale, ménagée, provoquée dès
« long-temps. Nous trouverons des té-

« moins qui attaqueront avec avantage
« la confiance, prématurément accor-
« dée à des procès-verbaux, rédigés par
« des gens qui n'ont pu connaître évi-
« demment que la résistance qu'on leur
« a opposée, et qui ignorent nécessai-
« rement tout ce qui l'a précédée. J'ai
« au moins la certitude de gagner du
« temps, beaucoup de temps. Nous tou-
« chons à une crise universelle, prévue
« depuis long-temps, et la malheureuse
« facilité de faire des victimes s'éteindra
« avec l'autorité arbitraire. Espérez, ma-
« dame. J'ose presque vous répondre de
« sauver M. d'Apremont. »

J'ai causé long-temps avec cet homme respectable, et il est parvenu à faire rentrer l'espérance dans mon cœur. Je l'ai pris dans ma voiture ; je l'ai conduit à la triste demeure de M. d'Apremont. On lui en a refusé l'entrée, et on m'a répondu, à moi, que mon ordre d'admission ne pouvait me servir qu'une fois. Il faudra donc que je me prête à de nouvelles infamies, pour qu'il me soit permis de consoler, de serrer dans mes bras mon malheureux époux ! Que dis-je ? Le monstre n'a pas besoin de cette ressource, pour me rendre docile à ses volontés. Il sait trop qu'il est deux êtres, à la conservation desquels je ne peux rien refuser. Cette pensée m'a rejetée dans un accès de désespoir, qui a effrayé mon avocat. Il m'a ramenée à l'hôtel; il n'a pas voulu m'abandonner aux soins de Jeannette; il m'a prodigué tous ceux que la décence lui permettait de me donner. Bon et digne homme, tu étais loin de soupçonner que celle à qui tu marquais du respect est une femme souillée !

Vingt fois j'ai été poussée à lui dévoiler les secrets de la tyrannie affreuse sous laquelle je gémis, à implorer son appui contre l'infâme. Mais que peut-il pour moi ? Il n'existe pas de preuves de tant de forfaits, et j'aurais inutilement avoué ma honte, et celle de M. d'Apremont. Que ta réponse tarde à venir! Oh! si je savais Jules et mon père hors d'atteinte, je braverais le scélérat, je le chargerais de malédictions, je lui rendrais les outrages que j'en ai reçus. Les lui rendre! cela ne se peut pas. Malheureuse! je ne peux me venger qu'avec des mots!

J'ai affecté un calme, que je ne connais plus, pour éloigner l'homme dont la présence arrêtait les sanglots qui pesaient sur mon cœur. Il m'a quittée pour aller demander au ministère de la justice, l'ordre d'être admis auprès de M. d'Apremont. On ne peut, dit-il, refuser un défenseur à un accusé; la loi est formelle à cet égard. Je suis restée avec Jeannette, et tu prévois aisément combien ces tête-à-tête sont lugubres et silencieux. Mais du moins on est libre. On peut répandre et essuyer des larmes.

Ah! voici enfin un instant de relâche.

Je reçois cette lettre si désirée. Tu as écrit à Velzac, et de la manière la plus claire et la plus pressante. Tu as craint que ta lettre soit interceptée; tu l'as expédiée par un homme sûr, qui a dû courir le jour et la nuit. Tu viendrais me consoler, ou partager mes peines.... Ah! combien ta présence me serait chère!... si tu n'attendais le moment d'être mère une seconde fois. Je conçois qu'un motif de cette importance peut seul t'arrêter. Ton mari accourrait s'il me connaissait comme toi, s'il ne tenait essentiellement à sa place, et s'il n'avait lieu de craindre que des démarches faites en faveur d'un homme accusé de conspiration la lui fissent perdre. Il a des enfans, et déjà il s'occupe de leur état à venir. Tu veux l'excuser près de moi! Claire, ne demandons rien à qui ne nous doit rien. Il est impossible que M. de Villers s'identifie avec toi au point de partager tes affections pour une infortunée, qui lui est inconnue. Tous ses vœux sont pour moi : que puis-je prétendre de plus ?

L'infâme me dépêche un homme qui m'invite à me rendre chez lui. Il a quelque chose à me dire sur l'affaire de M. d'Apremont...... Non, certainement je n'irai pas, je n'irai plus; jamais il ne rentrera à l'hôtel, et j'en remercie le ciel dans toute la ferveur de mon âme. D'après ta lettre, il y a cinq jours que celle que tu as adressée à mon père est partie; elle est arrivée à sa destination; les deux êtres chéris auront franchi les Pyrénées, avant qu'un ordre de Paris puisse parvenir à Velzac, et la vengeance la plus perfide, la plus astucieuse, ne peut rien ajouter aux chefs d'accusation portés contre M. d'Apremont. Ta lettre brise le joug affreux sous lequel je périssais. Heureuse lettre, je te bénis; je te porte sur mes lèvres et sur mon cœur.

J'ai renvoyé l'émissaire du monstre avec une réponse sèche, et tellement positive, que le scélérat en concluera facilement, qu'il n'a rien désormais à attendre de moi. Son âme atroce se révoltera ; le blasphême sortira de sa bouche impure; il souffrira à son tour, et il ne pourra plus m'atteindre. . . . . . .
. . . .

Vains projets, espérances trompeuses ! le crime prospère; il lève sa tête altière; il ajoute, avec audace, à des maux, à un désespoir, qui semblaient ne pouvoir plus croître. Le monstre s'est présenté ici ; mon suisse a exécuté mes ordres; il lui a refusé l'entrée de l'hôtel. Il est revenu deux heures après, suivi de satellites, et porteur d'un ordre, qui l'autorise à voir mes papiers. Mes papiers, à moi ! si j'en avais, qui pussent me compromettre, ne les aurais-je pas brûlés, depuis deux jours que je suis à Paris ? Cet ordre est d'un faussaire, ou d'un sot : n'importe, il faut s'y soumettre, puisque je ne peux rien lui opposer ; mais je ne serai pas une minute à la disposition du scélérat.

J'ai fait ouvrir toutes les portes; je me suis entourée de mes gens ; j'ai donné toutes mes clefs à Jeannette; je lui ai ordonné de suivre l'infâme, et de faire ce qu'il lui prescrirait ; je suis restée au milieu de mon salon; j'ai gardé Jérôme près de moi. Sans doute, sa jeune femme lui a tout confié. Il me regardait de l'air le plus touchant; il ne m'adressait pas un mot, qui ne fût dicté par le plus vif intérêt. Quand il apercevait le monstre, son œil s'animait, la colère rougissait son front, ses muscles se contractaient ; il brûlait de me venger. Je me suis efforcée de le contenir, et j'y suis parvenue.

Le scélérat, après avoir visité pour la forme un secrétaire et une commode, est rentré au salon, et m'a dit, avec des marques d'une considération dérisoire, qu'il avait à me parler en particulier. Mon cœur s'est soulevé ; cependant j'ai consenti : il pouvait lui échapper quelque chose qui m'éclairât sur des embûches nouvelles, ou sur les moyens de prouver la suite non interrompue de piéges, dont je suis victime, et dont mon déplorable époux le sera peut-être à son tour. Mais j'ai voulu qu'il me parlât dans mon salon, et que mes domestiques ne me perdissent pas de vue. « C'est ce que j'allais vous proposer, « madame, m'a-t-il répondu. Je me « ferai toujours un devoir de respecter « les mœurs. » Quelle détestable hypocrisie ! elle me garantissait au moins de nouvelles atteintes, et je lui en ai presque su gré. Il a placé lui-même ses recors et mes domestiques à portée de tout voir, et je l'ai suivi dans l'embrasure d'une croisée. « Vous vous croyez « bien forte maintenant, m'a-t-il dit à

« demi-voix : vous ne serez jamais que
« ce qu'il me plaira. J'ai prévu vos pe-
« tites machinations, et j'ai établi des es-
« pions partout : l'autorité publique est
« devenue l'agent aveugle de mes pas-
« sions. J'ai lu la dernière lettre que
« vous avez écrite à madame de Villers;
« votre exprès a été arrêté par mes or-
« dres. J'ai lu encore la lettre qu'on por-
« tait à votre amant et à votre père.
« J'ai lu, avant vous enfin celle que vous
« avez reçue aujourd'hui de cette petite
« Claire. Elle me déteste presqu'autant
« que vous, et que m'importe ? Elle ne
« m'a jamais plu ; mais elle n'eût pas été
« plus capable que vous de m'arrêter
« dans mes projets. Ce qui vous sauve
« de moi pour l'avenir, c'est que vous
« êtes une bégueule, toujours larmoyan-
« te, même quand vous vous efforcez
« de rire. Déjà votre chagrin ridicule a
« flétri ce teint si pur; vos yeux se ca-
« vent; vous ne m'inspirez plus que du

« dégoût. D'ailleurs, je suis chargé de
« remplir une mission importante ; je
« pars demain, peut-être pour long-
« temps, et certes je ne me chargerai
« pas d'une femmelette, qui ne vaut
« plus mes soins, et dont on ne peut
« rien faire que la menace à la bouche :
« je veux des plaisirs vrais et faciles. Je
« me venge de vos refus, de vos dé-
« dains, de votre haine, en vous lais-
« sant en proie à la douleur héroïque
« que vous aurez la sottise de nourrir.
« Votre mari et les autres apprendront
« qu'on n'outrage pas impunément un
« homme comme moi ; qu'il faut s'en
« défaire, ou le craindre sans cesse ;
« qu'une femme ne peut être la pro-
« priété d'un seul ; mais qu'elle appar-
« tient par le droit du plus fort à celui à
« qui elle plaît, et que les imbécilles seuls
« soupirent en vain. Ce qu'on nomme
« amour, délicatesse, modestie, sont
« des chimères inventées par des êtres

« exclusifs, et que ne connaît pas la na-
« ture. Adieu, femme à principes. Vous
« désirez voir encore d'Apremont ; voilà
« un ordre qui vous permet un tendre
« tête-à-tête. Je crois qu'il se terminera
« d'une manière plaisante. — Arrêtez,
« arrêtez, écoutez-moi, par grâce. On
« a surpris, dites-vous, la lettre que
« madame de Villers écrivait à mon père :
« a-t-on permis, du moins, que cette
« lettre parvînt à son adresse ? — Oh !
« très-certainement. On y a même joint
« une copie de celle que vous avez écrite
« à votre confidente. — Dieu !.... Grand
« Dieu !.... Jules saurait ?... — Oui, ma
« petite, le bien-aimé sait que j'ai fait
« ce qu'il a eu l'extrême honnêteté de
« ne pas entreprendre. » J'ai jeté un
cri affreux ; Jeannette et Jérôme sont
accourus ; je suis tombée dans leurs
bras. . . . .
. . . .

J'étais au lit, quand j'ai recouvré l'usage de mes sens. Une fièvre dévorante s'est emparée de moi. On m'a amené un médecin. C'est l'âme qu'il faut traiter, lui a dit ma bonne Jeannette ; c'est là qu'est tout le mal. On m'a ordonné des calmans ; Jeannette seule a adonci les crises dans lesquelles je ne cessais de tomber. Elle m'a répété vingt fois que ce qui s'était passé, ne pouvait altérer l'estime que M. de Courcelles m'a toujours portée ; qu'il ne verrait dans ma conduite que le dévouement le plus absolu que l'amour puisse inspirer ; qu'il sentirait que j'ai sacrifié plus que ma vie au désir de conserver la sienne. Elle ajoutait que depuis que la France est envahie, des femmes respectables ont cédé à la violence, sous les yeux mêmes de leurs maris, et n'ont pas perdu leur réputation. Ah! répondais-je, qu'il m'écrive donc, qu'il me dise que je ne suis pas indigne de ceux qui me sont chers, et je serai moins malheureuse.

La fièvre s'est modérée sur le soir. Il était possible que mon avocat n'ait pas obtenu encore la permission de voir M. d'Apremont, et j'avais à rendre compte à cet autre infortuné et de ma conversation avec son défenseur, et des espérances qu'il m'a données. J'étais oppressée par la douleur, et je sentais le devoir et le besoin de partager la sienne. J'étais faible, bien faible, et cependant je me suis fait habiller. Jeannette et Jérôme m'ont portée à ma voiture, je les y ai fait monter avec moi ; je suis arrivée à la prison.

M. d'Apremont traite doucement ses domestiques ; mais il ne s'est jamais familiarisé avec eux. J'ai cru devoir ménager son amour-propre. J'ai fait rester dans la voiture la jeune femme et son mari, et je me suis traînée à la chambre du malheureux. O, Claire, Claire, quelle entrevue! L'enfer n'a point de supplices comparables à ce que j'ai souffert. Ce n'est que trois jours après cette scène épouvantable, que je peux en tracer les détails.

Il marchait à grands pas dans sa chambre ; ses mains étaient croisées sous sa veste ; sa figure et ses mouvemens peignaient à la fois l'indignation et le désespoir. Il a reculé jusqu'au mur en me voyant, et il m'a regardée avec horreur. « Qu'ai-je donc à redouter encore? « me suis-je écriée. — Eloignez-vous, « éloignez-vous, femme perfide et cou- « pable. — Expliquez-vous, au nom de « Dieu. — Des Audrets est venu ici ce « matin. — Hé bien? — Il a voulu em- « poisonner mes derniers momens; il « m'a tout déclaré, et pour que je ne « conservasse aucun doute, il m'a cité « des particularités, qui ne peuvent « être connues que dans une intimité « sans bornes. Eloignez-vous, éloignez- « vous, vous dis-je. — Hé bien, je le « confesse à genoux, j'ai été forcée de

« ployer sous la main du crime ; mais il
« est là-haut un être qui connaît la
« droiture de mes motifs. — N'attestez
« pas le ciel, ennemi du mensonge. Ne
« sais-je pas avec quel dédain, avec
« quelle fierté vous avez entendu au
« château la lecture de la lettre du mi-
« sérable, avec quel empressement vous
« avez attaché votre voile au balcon,
« lorsque ma tête seule était menacée ?
« Il y aurait eu de l'héroïsme peut-être
« à vous sacrifier pour moi : ma vie ne
« vous a point paru digne de ce dévoue-
« ment. C'est pour conserver votre
« amant, que vous vous êtes prostituée;
« c'est à un amour illégitime que vous
« avez immolé votre honneur, le mien,
« qui ne vous appartenait pas, et que
« j'ai eu la déplorable démence de vous
« confier. Cette vertu, que vous affi-
« chiez, n'était qu'un masque dont vous
« vous êtes servi pour me tromper. Si
« l'intérêt, que vous portez à ce jeune

« homme, a pu vous déterminer à céder
« au lâche que vous détestez, que n'a-
« vez-vous pas dû faire pour l'objet
« d'une flamme aussi coupable que vio-
« lente, pendant les courts instans, dont
« mon aveugle confiance vous a permis
« de disposer? Laissez-moi, laissez-moi,
« vous dis-je encore. Il n'est pas de
« consolations qui puissent adoucir le
« coup que j'ai reçu : les vôtres seraient
« dérisoires; elles me seraient odieuses.
« Laissez-moi, je veux, je dois mourir.
« Je m'accuserai moi-même au tribunal
« devant lequel je comparaîtrai.... Des
« Audrets! l'infâme! il allait périr de
« ma main; j'allais en purger la terre;
« j'avais saisi ce flambeau;.... il s'est
« élancé sur moi comme une bête fa-
« rouche ; il m'a terrassé; il m'a me-
« nacé de me charger de fers, si je fai-
« sais le moindre mouvement. J'ai été
« contraint de l'entendre, et c'est vous
« qui avez accumulé sur ma tête toutes

« les espèces d'outrages. Sortez, ma-
« dame, sortez, s'il vous reste encore
« quelque sentiment des convenances.
« Emportez mes regrets amers de vous
« avoir connue, et mon irrévocable ma-
« lédiction. »

Je n'avais rien à répondre, Claire. J'étais atterrée, sinon sous le poids des preuves irrécusables, du moins par des raisonnemens, qui me paraissaient sans replique. Et je ne pouvais obéir à l'infortuné, que j'ai en effet couvert d'opprobres : mes jambes ne me soutenaient plus. Je suis tombée sur le carreau. J'ai étendu mes bras vers lui, pour implorer sa miséricorde. Croiras-tu qu'il existât encore dans ce cœur torturé une place pour la pitié ? Il s'est montré humain. Sans m'adresser un mot, il m'a relevée, il m'a portée sur son lit, couverte d'une sueur glacée, et pouvant à peine respirer. Elle sue le crime, s'est il écrié, en s'éloignant avec effroi. J'ai

cru, j'ai espéré, que ce moment serait le dernier de ma vie. Il est revenu à moi; il a soulevé ma tête; il a essuyé l'eau qui en ruisselait. « Vivez, m'a-
« t-il dit, vivez pour vous repentir, et
« regretter un infortuné, qui méritait
« une autre femme. »

Il était temps que cette scène finît pour lui et pour moi : nous ne pouvions plus la supporter. On a ouvert la porte et j'ai reconnu mon avocat. Il a été effrayé de l'état dans lequel il m'a trouvée. Il m'a fait respirer des sels, qui m'ont rendu un peu de force. Il a couru appeler du secours. Jeannette et Jérôme sont entrés; on m'a portée dans ma voiture. « Il veut mourir, ai-je dit en sortant à
« l'avocat. Ah! qu'il vive, qu'il vive
« pour lui, s'il ne veut plus vivre pour
« moi. Au nom de Dieu, engagez-le à
« vivre, et sauvez un innocent. »

Quand j'ai été dans mon lit, et que j'ai pu classer mes idées, je me suis rappelé les détails de cette scène effroyable. Suis-je, en effet, aussi coupable que le croit M. d'Apremont ? Un père ne nous touche-t-il pas de plus près qu'un époux ? Est-ce un crime de le préférer, surtout quand l'amour n'a pas formé des nœuds, respectables sans doute, mais moins forts que ceux qu'a serrés la nature ?.. Mais si mon père eût été seul, est-il bien certain que j'eusse fait pour lui ?... Ah ! Claire, cette réflexion m'a anéantie. « Il « a raison, me suis-je écriée, il a raison. « Je n'ai rien fait que pour l'amour; je « ne suis qu'une vile adultère. »

J'ai passé les trois jours dont je t'ai parlé plus haut, dans des angoisses, dans des crises continuelles. Oh ! les femmes sont nées pour souffrir, puisque la douleur ne les tue pas. Jeannette me ramenait sans cesse à la vie, en me parlant d'un époux qui me rejette, mais que je ne peux abandonner dans son affreuse situation; en me parlant de

Jules, envers qui l'infâme aura sans doute violé sa parole; en me parlant de mon père, qui partage sa captivité. « Avant de penser à mourir, madame, « il faut savoir si ces infortunés n'ont « pas besoin de secours, s'il est démon- « tré que vous ne puissiez leur en don- « ner aucun. »

Oui, Claire, je suis revenue à la vie, non pour moi, le ciel m'en est témoin. J'ai fait venir Jérôme et je lui ai demandé s'il était disposé à s'exposer pour me servir. Il m'a répondu, en embrassant sa femme et en me demandant mes ordres. « Va, lui a dit Jeannette, en pleurant; « n'oublie pas ta femme et ton enfant; « tâche de te conserver pour eux; sois « prudent; mais ne balance pas à tout « entreprendre pour notre bonne maî- « tresse. »

Les communications ne sont pas libres, je le sais. Mais avec un habit de paysan, de l'adresse et de la résolution, on passe partout. J'ai donné à Jérôme les instructions les plus détaillées ; je les lui ai répétées vingt fois. Il doit tourner les camps, les avant-postes, entrer dans les villages, dans toutes les villes où il pourra s'introduire. Il s'informera si on n'a pas vu passer, sous escorte, un vieillard vénérable, et un jeune homme remarquable par sa beauté. Si mes soupçons se confirment, s'ils sont dans les fers, il les attendra sur la route ; il se liera avec leurs gardes ; il saisira l'occasion de leur parler. Il leur adressera, de ma part, des paroles de consolation ; il affaiblira les cruelles impressions qu'a dû produire l'horrible aveu que le monstre leur a fait, et il reviendra m'instruire de ce qu'il est possible de faire pour eux. S'il n'en apprend aucune nouvelle, il ira jusqu'à Velzac. Il les informera de tout ce qui se fait ici, à l'exception des choses qui se sont passées entre M. d'Apremont et moi. Il verra ma pauvre mère, que j'ai trop négligée, et qui doit être aussi l'objet de ma tendre sollicitude. Hélas! elle aura senti plus vivement que mon père et Jules, les attentats que l'on se sera permis sur eux. Y aura-t-elle survécu? Ah! Claire, depuis des semaines, des mois, je ne t'ai pas dit un mot de cette excellente mère; à peine y ai-je pensé! je ne me suis tant occupée de mon père, que parce que son idée et celle de Jules sont inséparables. Déplorable effet des passions! Elles nous rendent indifférens à tout ce qui n'est pas elles! M. d'Apremont m'a jugée sévèrement; mais il a prononcé en homme intègre. Je suis coupable, Claire. Je ne m'en consolerai jamais.

Jérôme vient de partir, avec ce qu'il faudrait d'or pour faire le tour de l'Europe. J'attends beaucoup de son zèle et de son intelligence. Ses adieux à sa famille ont été déchirans, et cependant il est parti. L'amitié a donc aussi une force irrésistible, et il est constant que l'espérance aveugle l'homme sur les dangers auxquels il s'expose. Jérôme peut tomber dans un parti ami, ou ennemi. Il peut être dépouillé par les uns, maltraité par les autres.... Il est parti.

J'ai envoyé Jeannette dans la rue où demeure l'infâme. Je l'ai chargée de s'informer adroitement dans le voisinage, s'il a réellement quitté Paris, et si on a quelque connaissance de ses projets J'espère qu'enfin il se lassera de persécutions et de vengeances, et que je pourrai respirer.

Oh! je respire enfin. On l'a vu monter en voiture; deux domestiques couraient devant lui. Il a dit simplement aux postillons : *à la barrière de Pantin*. On ne sait rien de plus; mais cela suffit pour moi : cette route est opposée à celle qui conduit à Velzac.

Je respire, ai-je dit. Non, non, mes

alarmes se renouvellent, et se soutiennent. A-t-il besoin d'être présent à l'exécution des ordres qu'il obtient sur de perfides exposés ? Ma mère, mon père, Jules, Jules !.... dans quelle position êtes-vous, où êtes-vous ? Jeannette prétend qu'il est impossible qu'on pense à les traduire dans les prisons de Paris, lorsque l'étranger couvre tout le sol de la France. Cette réflexion est tuante. Hé, ne peut-on, par cette raison, les avoir conduits, jugés, exécutés à Tarbes ? Je marche de crainte en crainte, et souvent les plus cruelles anxiétés viennent m'assaillir à la fois.... Et je vis ! O mon Dieu, est-ce un effet de votre bonté, ou de votre justice ? Un temps meilleur doit-il succéder à celui-ci ?

CHAPITRE IV.

Procès instruit et jugé.

Les crises, que produit l'infortune, ressemblent à ces rêves effrayans, qui nous poursuivent encore après le réveil, et dont on cherche à écarter le douloureux souvenir. Les épouvantables succès du monstre, les imprécations de mon époux me semblent quelquefois n'être qu'un songe trompeur. Je saisis avec avidité cette illusion consolante. Mais cette illusion même me reporte sur ce qui s'est passé, et elle produit sur moi l'effet d'un danger éminent et imprévu. Je souffre tous les maux de la réalité; je ne cesse pas de souffrir.

Cependant l'éloignement altère la force des objets; l'imagination fatiguée ne les saisit plus qu'avec peine ; la nature affaissée cède au besoin du repos , et à chaque intervalle , les images les plus cruelles se rencontrent sans doute, mais toujours plus affaiblies. J'ai trouvé enfin quelques momens de sommeil , et je jouissais d'une pénible tranquillité , quand mon avocat est entré. Sa vue a rouvert mes blessures , et m'en a fait une nouvelle : il a été témoin de la manière dont je me suis séparée de M. d'Apremont. Il ignore , je le crois, du moins, jusqu'où sont fondés les reproches, les emportemens dont j'étais accablée. Mais voilà la première fois que j'ai à rougir devant un homme qui m'est étranger, et la rougeur de la honte est l'aveu d'une faute que la malignité aggrave toujours.

L'avocat a eu la délicatesse de ne pas me dire un mot de ce qu'il a vu. Il s'est renfermé dans les bases de la procédure;

il s'est étendu sur les moyens de les détruire. La lettre, qu'on oppose à M. d'Apremont, ne lui paraît pas devoir être l'objet d'une longue discussion. Cette phrase, qui paraît foudroyante, annonce des vœux secrets, et non l'intention d'agir. Elle ne prouve nullement que M. d'Apremont partage le désir d'un nouvel ordre de choses, et fût-elle plus positive, quel homme est garant de ce qu'on lui écrit ? Que deviendrait la sûreté publique, si, avec une lettre, on pouvait perdre l'individu le plus étranger aux sentimens qu'elle exprime? Sans doute, il sera facile de prouver que la prétendue insurrection n'est autre chose qu'un acte de violence, où se sont portés quelques villageois, très-attachés à leur maire, et à un riche propriétaire, dont chaque jour était marqué par des bienfaits.

L'avocat a demandé à M. d'Apremont les noms des habitans étrangers à cette affaire. L'infortuné n'a eu le temps de rien voir. Je suis restée au château quelques heures après lui, et je pouvais seule donner des renseignemens utiles. L'avocat a établi une liste sous ma dictée, et ces témoins prouveront authentiquement que M. d'Apremont n'a employé directement, ni indirectement, aucun moyen de séduction. Heureusement, ceux que j'ai nommés sont les habitans les plus riches du lieu, ceux qu'il aurait fallu gagner d'abord pour entraîner les autres. En effet, qu'attendre de misérables journaliers, qu'on aurait mis en opposition avec une classe directement intéressée à la répression de toute espèce de délit?

Tel est le sens sous lequel mon avocat se propose de présenter cette affaire. Il est constant que si M. d'Apremont eût dit un mot, tout le village se serait armé pour lui. Mais cela n'est pas arrivé, et les jurés ne peuvent prononcer que sur des faits positifs.

Ah, mon Dieu!.... quel oubli!.... Comment l'ai-je pu faire! Il a fallu que des peines bien cuisantes, des intérêts bien majeurs.... L'avocat est aussi chargé de défendre le maire et le bon curé. Les malheureux ont été arrachés à leur domicile, sans qu'ils aient eu le temps de se reconnaître, sans qu'ils aient pu se munir de la moindre chose. Ils sont au secret depuis plusieurs jours ; ils doivent manquer du nécessaire. Je donne de l'or à mon avocat ; je le presse de courir, de ne pas perdre un moment. Ma fortune m'a coûté bien cher ; je l'ai dédaignée long-temps ; je la bénis dans cette circonstance..... Mais, hélas ! à qui la dois-je!.... à celui.... Ah ! Claire, Claire!

L'avocat sortait ; je l'ai retenu. Je ne l'avais pas interrogé sur l'état actuel de l'époux infortuné ; je ne l'ai pas osé. Sans faire de question positive, j'ai ramené la conversation sur cet article délicat, et j'ai saisi quelques mots jetés avec intention peut-être. Il paraît qu'après que je l'ai eu quitté, M. d'Apremont a recouvré les forces de l'esprit et la dignité de son caractère. Il s'est expliqué en homme qui veut éviter le coup qui le menace. Ah! s'il eût persisté dans la volonté de s'accuser et de finir, j'aurais été son assassin. Puisse-t-il être acquitté, et ne pas mourir de sa douleur! Qu'il me méprise, qu'il me haïsse; mais qu'il vive; que je ne sois pas chargée d'un crime de plus : j'ai déjà trop du fardeau du premier!

Les débats commencent demain. J'ai le plus violent désir de me rendre au Palais. Le sentiment de ma faiblesse, de mon épuisement ne peut rien contre l'intérêt respectable qui me pousse; je me prononce formellement. Je lis dans les yeux de l'avocat et de Jeannette

qu'ils redoutent une démarche, qui peut m'être funeste. Je les presse de s'expliquer. L'avocat ne m'oppose que l'état déplorable de ma santé. Jeannette, plus franche, vient me parler à l'oreille. « Vous serez près de M. d'Apremont.
« — Il verra ma douleur, mon repen-
« tir. — Si votre aspect rallume son dé-
« sespoir ; s'il va au-devant du supplice,
« s'il provoque sa condamnation ? — Tu
« as raison... tu as raison. Je n'irai pas là...
« Mais ne plus voir le plus respectable,
« le meilleur des époux ! vivre éloignée
« de lui ; sans savoir s'il me pardon-
« ne.... » Mon émotion m'a emportée ; je n'ai pas mesuré le volume de ma voix ; l'avocat m'a entendu. Il a baissé la tête et a gardé le silence. J'ai senti qu'il me jugeait coupable, plus coupable que je le suis, et malgré une répugnance presqu'invincible à parler d'infamies, dont le nom seul est un affront, j'ai commencé le récit de mes infortu-

nes. L'avocat a voulu m'interrompre, et porter mon attention sur un autre objet. « Vous en savez trop, monsieur, « pour qu'il me soit permis de me taire. « J'ai succombé, je l'avoue ; mais l'hor- « reur a précédé, accompagné et suivi « mon crime. Je ne veux pas que vos « soupçons placent près de lui l'amour « et la volupté. Je suis une victime et je « puis vous en convaincre. » Il m'a paru soulagé d'un pesant fardeau ; il s'est approché de mon lit avec un air de bienveillance que je ne lui avais pas vu encore ; il m'a prêté une oreille attentive.

Je ne pouvais présenter mes idées avec cette suite, cette clarté, cette gradation qui commandent l'intérêt. Plusieurs fois Jeannette a aidé à ma mémoire ingrate, ou infidèle. Cependant mon récit a excité l'indignation et la terreur. Quand j'ai cessé de parler, l'avocat a paru méditer profondément. « Ce

« des Audrets, a-t-il dit enfin, est un
« scélérat adroit et prévoyant. On peut
« le rechercher sur sa vie passée; mais
« je ne vois pas qu'on puisse l'attaquer
« avec avantage sur ce qui vous est per-
« sonnel. Il faut ensevelir dans l'ombre
« et le secret cette déplorable aventure;
« il faut surtout ramener M. d'Apremont
« à des sentimens modérés. Il a acquis
« la triste conviction que jamais il n'a
« possédé votre cœur, que jamais il ne
« le possédera. Mais l'équité lui ordonne
« de convenir que nos affections sont
« indépendantes de notre volonté;
« d'examiner les circonstances; de se
« pénétrer de ce qu'elles ont d'affreux,
« et d'avouer que celle, qui cède, quel
« que soit son motif, à une violence
« physique ou morale, n'est pas, ri-
« goureusement parlant, une épouse
« criminelle. Accordez - moi votre
« confiance, madame; permettez-moi
« de traiter cette affaire délicate, et peut-

« être la pitié compatissante succédera-
« t-elle à la haine et au mépris. »

Je me serais élancée de mon lit, si j'en avais eu la force. J'ai étendu les bras vers l'homme secourable, qui veut répandre sur mes blessures un baume consolateur. Il m'a rendue à l'espérance de pouvoir donner à mon malheureux époux des soins qui lui sont si nécessaires, de pouvoir être vue par lui comme son amie la plus sincère et la plus dévouée.

Cette nuit s'est écoulée comme celles qui l'ont précédée. Des peines cuisantes, des alarmes, quelques momens rares d'un sommeil troublé par des songes plus ou moins effrayans, voilà de quoi se composent maintenant mes nuits. Les jours tout entiers appartiennent à la douleur.

Non, Claire, je ne suis point allée au Palais; mais j'y ai envoyé Jeannette. Je lui ai recommandé d'examiner M. d'Apremont, de deviner, de lire sur son front et dans ses yeux si la paix est rentrée dans son cœur, s'il paraît avoir dans ses juges la confiance que son innocence doit lui inspirer. Je la charge d'écouter attentivement la lecture de l'acte d'accusation ; de voir quel effet elle produit sur l'auditoire : l'opinion générale se manifeste toujours, et elle est souvent la mesure de l'opinion de gens investis de grandes fonctions, parce qu'ils ne jugent que d'après des organes qui sont communs à tous. Je l'ai pressée de recueillir tout ce qui sera dit en faveur de l'accusé, et de prier mon avocat de venir me rendre compte du résultat des démarches qu'il aura faites pour me rapprocher de mon époux.

Dès que j'ai été seule, je suis retombée dans ma douloureuse apathie, effet certain de l'accablement moral et de l'épuisement des organes. Je ne sais quel temps j'ai passé dans cet état ; le retour de Jeannette m'en tira. Un intérêt pressant m'a rendu quelques forces.

L'acte d'accusation est terrible ; il ne semblait pas qu'on pût rien lui opposer ; l'auditoire paraissait convaincu. M. d'Apremont a été interrogé. Il a répondu avec une modestie et une simplicité qui ont paru faire quelque impression. L'avocat a pris la parole. Il a attaqué d'abord la seule phrase de la lettre qu'on pût tourner contre l'accusé ; il a développé les moyens victorieux, dont il m'a entretenu hier ; il a anéanti ce premier chef d'accusation. Il s'est attaché ensuite à prouver que les procès-verbaux rédigés par le monstre et ses adhérens, ne peuvent être vrais qu'en ce qui s'est passé sous leurs yeux ; qu'ils déclarent n'avoir pu s'éloigner du château ; qu'ainsi, s'il y a eu une émeute, ils ignorent les causes particulières qui l'ont produite, et qu'il est de toute justice d'entendre les témoins à décharge. Il a présenté la liste que je lui ai remise, et le tribunal a ordonné que ceux qui y sont portés seraient mandés par-devant lui. Le public a applaudi à une décision aussi simple : on sait toujours gré d'un acte d'équité à ceux qui peuvent être impunément injustes.

Les communications sont coupées de toutes parts ; il n'est plus possible d'assigner les témoins ; ainsi ce procès sera long. Nous touchons au moment de l'explosion, et nous avons tout à espérer. Cette lettre, qui a servi de base à une accusation au premier chef, peut, dans quelques semaines, devenir un gage d'estime : des circonstances différentes donnent aux choses une qualification et une valeur opposées.

Mon avocat, après avoir reconduit M. d'Apremont à sa triste demeure, est venu me confirmer ce que Jeannette m'a rapporté. Il a parlé à l'infortuné de mon état, de mes peines et des siennes, avec

beaucoup de raison et de chaleur, s'il
m'a rendu exactement ce qu'il lui a dit
pour le désarmer. M. d'Apremont a paru
surpris et affligé de la confidence que j'ai
faite à l'avocat ; cependant il a écouté
avec beaucoup d'attention, et il lui a
répondu sans détour. Il est convenu
franchement qu'il a eu le premier tort,
en épousant une jeune personne qu'il
savait fortement prévenue en faveur
d'un autre. « Mais, a-t-il ajouté, ma
« faute n'efface pas celle d'une femme
« qui me doit sa fortune et le bien-être
« de ses parens; que j'ai comblée des
« marques de l'amour le plus tendre et
« le plus délicat; à qui j'ai accordé une
« confiance et une estime sans bornes,
« et qui n'a point balancé à donner pour
« sauver son amant, ce qu'elle a refusé
« à la conservation de son mari. Cepen-
« dant, c'est un malheur de haïr dans
« toutes les positions de la vie, et dans
« celle où je me trouve la haine est un

« fardeau insupportable. Je veux l'étein-
« dre entièrement, et j'y parviendrai,
« je l'espère; mais madame d'Apremont
« ne sera jamais ce qu'elle fut pour moi.
« J'éprouve en ce moment un besoin
« pressant des soins de l'amitié; elle m'a
« donné de la sienne des preuves trop
« multipliées pour qu'il me soit permis
« de douter de sa sincérité, et je saisis
« avec quelque plaisir l'occasion de lui
« reconnaître des qualités, et de lui
« rendre justice devant vous. Dites-lui,
« monsieur, que je n'oublierai pas le
« passé, cela est impossible; mais que
« j'aurai la délicatesse de ne jamais lui
« en parler, et que je suis prêt à la rece-
« voir en qualité d'amie. »

Des larmes d'admiration et de reconnaissance ont inondé mes joues, et m'ont
beaucoup soulagée. Je me suis fait habiller, et j'ai trouvé la force d'aller jusqu'à ma voiture. J'y ai fait monter avec
moi l'avocat et Jeannette. Je sentais bien

que la présence d'un étranger ôterait à la conversation cette intimité consolante si nécessaire au malheur; mais je sentais aussi qu'elle nous sauverait à M. d'Apremont et à moi un embarras, et peut-être une explication cruelle qu'aurait pu amener le tête-à-tête.

Ma bonne Claire, il m'a reçue avec une bonté désespérante pour moi. Combien je me suis trouvée petite et humiliée auprès de lui! Avec quelle aménité touchante il s'est efforcé de dissiper les impressions douloureuses dont il me voyait tourmentée! Cet homme est étonnant, admirable, et je n'ai pu l'aimer!

Je lui ai demandé, comme une grâce, de permettre que je m'établisse près de lui, et que je ne le quitte plus. Il a refusé, mais seulement par ménagement pour moi. Il croit que ma santé, déjà très-affaiblie, acheverait de se perdre dans un lieu malsain, et où tous les objets portent à une pénible mélancolie.

J'ai insisté; il a persisté dans son refus, et je crois, qu'en cette circonstance, nous avons fait tous deux notre devoir. J'ai obtenu la permission de passer avec lui les journées, et l'avocat, à qui seul j'ai dû l'accès de ces tristes lieux, s'est chargé de faire lever l'ordonnance qui met mon mari au secret, et qui maintenant n'a plus d'objet.

Je me suis retirée à la chute du jour. Je l'ai laissé assez tranquille. Je goûtais moi-même un certain calme, et j'en ai profité pour te détailler ce qui s'est passé pendant cette longue journée.

Quand j'ai eu cessé d'écrire, je me suis occupée des besoins de l'infortuné : on a tout avec de l'argent, dans ces maisons-là; mais il est beaucoup de petites choses auxquelles un homme ne pense pas, et qui contribuent à la conservation de la santé et aux douceurs de la vie. J'ai passé deux heures avec Jeannette, à chercher et à mettre en ordre ce qui peut être utile ou agréable à un prisonnier, et je me suis endormie, bercée par l'espoir de voir enfin M. d'Apremont rendu à mes vœux.

A mon réveil, j'ai surpris la sérénité dans mon cœur, et le sourire sur mes lèvres. J'ai pris avec goût quelques alimens, et je me dispose à aller partager la solitude de mon mari. . . . .
. . . .
. . . .
. . . .
. . . .
. . . .

Jour terrible! jour affreux! jamais il ne sortira de ma mémoire ; jamais je n'en parlerai sans verser des larmes de sang. Déjà une semaine s'est écoulée, et l'horrible spectacle dont j'ai été témoin me poursuit sans relâche. Adoucirai-je mes maux, en te dévoilant jusqu'aux moindres circonstances ? Non, sans doute, et je ne peux résister au désir de verser dans ton sein mes dernières douleurs. Jeannette m'aime; elle m'aime bien tendrement; mais le genre d'éducation qu'elle a reçue ne lui permet pas toujours de m'entendre, et je n'ai plus que toi au monde à qui je puisse parler le langage qui m'est propre.

Cette journée, ainsi que je te l'ai dit, paraissait devoir être triste, mais paisible. J'allais sortir..... Jeannette entre dans ma chambre. Elle ne sait pas dissimuler, et la décomposition de ses traits m'effraye. Je l'interroge, elle balbutie; je la presse, elle se tait. Elle me prend les mains; elle les porte sur sa bouche et sur son cœur; elle semble me préparer, m'encourager à soutenir un nouveau coup. « Le monstre est à Paris ! — Non, madame. — Mon père et Jules « sont morts ! — Non, madame. — Qu'ai- « je donc à redouter ! Parle, parle, « cruelle femme. Ton silence me fait « souffrir mille morts. — Ce papier,

« qu'on crie par les rues.... » Je le lui arrache ; je lis : *Décret impérial qui ordonne que tous les individus prévenus de conspiration contre l'Etat, seront traduits de suite devant une commission militaire, qui jugera sans désemparer.* M. d'Apremont est perdu, me suis-je écriée !

L'avocat entre au même instant. Il m'apprend que mon malheureux époux va être traduit devant un tribunal, équitable sans doute, mais à qui la marche trop rapide des affaires ne permet pas toujours d'en saisir tous les rapports, d'entendre et d'apprécier des développemens, qui, seuls, peuvent porter la lumière sur des incidens nombreux et compliqués.

Mes chevaux partent comme l'éclair. Nous arrivons à la prison ; déjà l'infortuné n'y était plus. Nous courons rue du Cherche-Midi ; nous entrons ; nous perçons la foule avec peine : *Etrange em-*

7.

pressement de voir des misérables ! Qu'allaient faire là des gens qu'une curiosité barbare pouvait seule y pousser?

L'avocat me guide ; nous parvenons dans l'enceinte où siégent les juges, et où on admet quelques protégés. Malheureuse ! Pourquoi suis-je entrée ici ? Cette réflexion est venue trop tard. Je n'ai rien à reprocher à personne. On a voulu m'arrêter ; je n'ai pas écouté.

Mon déplorable époux, le bon curé, le maire de notre commune étaient placés au banc des accusés. Ils étaient séparés et gardés par des gendarmes, qui semblaient leur envier ces communications intimes, qui peuvent adoucir l'horreur de pareils momens. Le capitaine rapporteur avait déjà lu l'acte d'accusation. Le président interrogeait les prévenus.

Pas de jurés à cet effrayant tribunal ; pas de contre-poids qui balancent la prévention, ou l'ignorance des juges plus habiles à vaincre, qu'à discuter le fond d'un procès. Ceux-ci prononcent qu'on n'écrit pas à un ami des choses, qui blessent son opinion ; que mon mari, n'ayant pas déposé dans les bureaux de la police une lettre qui pouvait donner des indices sur les dispositions et les espérances des émigrés, il partage nécessairement les sentimens de celui qui l'a écrite. Ils décident aussi légèrement que la commune s'est armée en faveur de M. d'Apremont; que l'insurrection a été dirigée par le maire, et ils concluent que le maire était gagné. Ils ajoutent que le moment, où les étrangers parcourent la France en la dévastant, où un Prince français s'est montré dans une province méridionale, a dû paraître favorable pour susciter des mouvemens partiels, qui bientôt auraient encouragé à une révolte générale.

J'ai éprouvé à-la-fois tous les genres

de terreur, et l'auditoire paraissait improuver formellement et l'exposition de l'affaire et les conséquences tirées des détails. En effet, la France est rassasiée de gloire; elle est lasse du meurtre. Le sang français n'a-t-il pas assez rougi la terre? Faut-il qu'il coule encore sous la hache des bourreaux?

L'avocat a pris la parole. Il a combattu tous les chefs d'accusation avec une clarté, une chaleur, une élégance, auxquels il me paraissait impossible de répliquer victorieusement. Il était près de moi, et souvent entraînée par la force de ses moyens, je prenais sa main, je la pressais sur mon cœur; elle y portait une nouvelle vie, à mesure que son inappréciable talent y faisait rentrer l'espérance. Des femmes, qui sans doute n'ont pas chez elles de quoi exercer leur sensibilité, me regardaient avec attendrissement. Le curé et le maire étaient plongés dans un accablement profond. M. d'Apremont semblait attendre la mort, sans la désirer, ni la craindre.

En moins de deux heures les débats ont été terminés. On a fait sortir les accusés et je me suis précipitée sur leurs pas. J'ai enlacé de mes bras mon malheureux époux, et la nature, long-temps comprimée, est rentrée dans ses droits. Il a mêlé ses larmes aux miennes; il s'est laissé aller sur un banc; la pâleur couvrait son front ; ses yeux étaient éteints; ses mains, que je m'efforçais de retenir, tombaient à chaque instant à côté de lui. Un gendarme, un tigre m'a forcée à m'éloigner. Un jeune officier, de la plus aimable figure, dont les yeux exprimaient la plus touchante sensibilité , m'a rendue à mon époux. « N'ôtez pas à madame, a-t-il dit, la « triste satisfaction d'embrasser son « mari. Adoucissons, autant qu'il est « en nous, la rigueur de la loi. » On a voulu me reconduire à l'hôtel ; je ne l'ai pas souffert. Je brûlais de connaître mon sort. Je serais morte chez moi d'anxiété et d'impatience.

On a fait rentrer les accusés ; je les ai suivis encore. Il ne m'a pas été possible de reprendre ma place dans la salle. Je suis tombée sur un tabouret, qui était auprès de la porte. Là, couverte d'une sueur froide, mon visage caché dans mes mains, je retenais mon haleine ; je tremblais de perdre un mot ; je tremblais de ce que j'allais entendre. Le président m'a invitée à me retirer, et son ton était celui de la tendre humanité. « Non, monsieur, non, permet-
« tez que je reste. Il m'est impossible de
« faire un pas. »

J'ai entendu !...... j'ai entendu !...... Ah, Claire !......... M. d'Apremont n'a répondu que quelques mots. Ils sont pour jamais gravés dans ma mémoire. « Hé bien ! oui, tous mes vœux sont

« pour les Bourbons. Au moment où
« vous briserez cette tête, elle sera cou-
« ronnée, malgré vous, d'une auréole
« de gloire. Vive le Roi, aux genoux
« duquel vous serez peut-être bientôt
« trop heureux de vous jeter. »....... Je
me suis retrouvée dans mon appartement. Le bon curé me prodiguait ses
soins. Je l'ai revu avec quelque joie,
tant il est vrai que les sentimens les plus
opposés trouvent à se placer à-la-fois
dans le cœur humain. Le digne prêtre
a été acquitté...... Les deux autres !........

J'ai pris quelques cordiaux, et j'ai
exigé formellement qu'on me conduisît
à la prison. La nuit, qui commençait,
était la dernière, où l'infortuné pouvait
recevoir les consolations et les soins de
sa meilleure, de son unique amie. Je
l'ai trouvé triste sans faiblesse. Le passé
n'existait déjà plus pour lui; il paraissait
vouloir s'élancer dans un monde nouveau. Ses yeux s'élevaient vers la voûte

rembrunie, qui lui dérobait le ciel. Il les a baissés sur moi; il a répondu avec tendresse aux marques multipliées que je lui donnais de la mienne. Il a répété le pardon le plus solennel. Il m'a recommandée au bon curé, qui saisissait les intervalles que lui laissait notre douleur, pour nous faire entendre ce que la morale évangélique a de plus doux et de plus consolant. Cet oubli généreux et absolu du passé a réveillé mes remords. Il a tout fait pour me calmer, et des heures se sont écoulées au sein du plus sincère attendrissement.

Cette nuit douloureuse a cependant été trop courte. L'horloge de la prison nous avertissait sans cesse qu'un quart d'heure de plus était rayé de son existence. Bientôt nous en sommes venus à compter ceux qui lui restaient encore : cette idée a jailli de nos deux cœurs à la fois. De longs et lugubres embrassemens, des sanglots étouffés ont exprimé long-temps les sensations déchirantes qui nous torturaient. Le bon curé nous regardait, nous bénissait, et priait sur nous.

Un faible rayon de jour a percé par une lucarne élevée, et a frappé nos yeux. « Ce jour est donc le dernier, » a-t-il dit, avec un accent qui m'a jetée dans des angoisses mortelles. Sans doute on attendait que je fusse privée de sentiment, pour m'arracher de ce triste lieu, et moi-même j'attendais à chaque minute mon anéantissement total.

Celui-ci a été si entier, si absolu, que j'ai cessé de voir, d'entendre, de sentir pendant plus de la moitié de la journée. Quand mes yeux se sont rouverts, Jeannette était près de moi. Je voulais l'interroger; ma langue se refusait à mes efforts, et cependant j'avais besoin d'une dernière, d'une bien triste consolation, de celle qu'on ne croit pas être possible, quand on n'a pas atteint le dernier terme de l'infortune, je voulais savoir si le malheureux avait cessé de souffrir. Jeannette m'a devinée : *c'en est fait*. Ces mots, faiblement articulés, m'ont suffi. J'ai refermé mes yeux, et, le croiras-tu ? j'ai éprouvé une sorte de jouissance en pensant que les hommes ne pouvaient plus rien sur lui.

Le bon curé l'a assisté à ses derniers momens, et il ne l'a pas quitté même après sa mort. Il l'a conduit à son dernier asile. Il a appelé sur lui les bénédictions célestes.

CHAPITRE V.

Son père et Jules.

Que s'est-il passé? où suis-je? que vais-je devenir? Tout mon être est un chaos, où les sensations se confondent, et où elles exercent cependant un empire irrésistible. Claire, je crois avoir tenu une conduite irréprochable pendant les derniers jours de M. d'Apremont. Pas une pensée ne s'est tournée vers un autre que lui, j'en atteste l'honneur. Mais à présent que ces nœuds sont rompus, que je ne peux vouer à l'homme respectable qu'un souvenir d'estime et de reconnaissance, souvenir qui durera autant que moi, à présent, dis-je, ne m'est-il pas permis de revenir à des êtres qui ont sur moi des droits sacrés? Abandonnerai-je mon père et M. de Courcelles, pour aller pleurer au milieu des tombeaux? De quoi serviraient des larmes à des cendres inanimées, et me condamnerai-je à en verser de nouvelles sur des malheurs qu'il m'est possible de prévenir?

Ma tête, extrêmement affaiblie, ne peut arranger aucun plan; elle est moins capable encore d'en suivre l'exécution. Jeannette n'est pas plus à elle que moi. Constamment occupée de son mari, dont nous n'avons pas de nouvelles, placée sans cesse entre mes malheurs et ceux qu'elle redoute pour elle, comment conserve-t-elle assez de force pour me servir? Elle fait plus cependant : elle prévient mes besoins, mes désirs, et jamais il ne lui échappe un mot qui puisse me rappeler que ma volonté seule l'a séparée de son mari. Je ne saurais l'oublier, et l'incertitude où nous sommes de la destinée actuelle de ce fidèle serviteur est pour moi un fardeau de plus.

Pas de lettres de toi! Je me plains de cette privation, et je sens qu'elle est inévitable. Des partis ennemis ont déjà pénétré jusqu'à Meaux. Ainsi, il n'est pas possible que tu suives ton premier projet : tu dois être rétablie, et je ne te verrai pas! Notre correspondance, si triste, mais quelquefois si consolante, est arrêtée, peut-être pour long-temps. Cependant je continue à t'écrire, sans prévoir ce que deviendront mes lettres. J'en commence une; ma faiblesse m'oblige à poser la plume; je la reprends pour la quitter encore; je poursuis, je termine, je ferme mon paquet; je le dépose avec les autres. Tôt ou tard, ils te parviendront, je l'espère. Mais quoi qu'ils deviennent, je n'aurai pas perdu mon temps. En t'écrivant, je soulage, ou je satisfais mon cœur; je crois te parler, t'entendre me répondre, et quand on ne peut espérer un moment de bonheur réel, on s'applaudit de trouver des illusions, on s'efforce de s'y attacher.

Pas un moment de bonheur réel? ai-je dit....... Non, non, il n'en est plus pour moi. L'honneur, la délicatesse, rejettent une femme que le crime a souillée, et si l'effervescence des passions aveuglait, égarait celui qui partage un amour éternel, ce serait à moi à me faire justice.... Comment le mot amour a-t-il coulé de ma plume! comment ce sentiment se retrouve-t-il dans mon cœur! Malheureuse! le corps mutilé de ton époux est à peine refroidi, et tu.....

Parlons d'autre chose. Une fortune immense me reste; j'en ennoblirai l'emploi. Le malheureux maire de notre village laisse une femme, jeune encore, et trois enfans en bas-âge; il a péri victime de son attachement pour nous : je ne peux rendre le bonheur à sa triste famille ; je la mettrai, du moins, dans une honnête aisance. Le bon curé participera à des largesses expiatoires. Jeannette et son mari ne serviront plus, du moment où leurs soins cesseront de m'être absolument nécessaires. Je leur assurerai un sort indépendant.

Depuis que j'ai écrit le précédent paragraphe, j'ai pensé que je ne pouvais m'occuper trop promptement des dispositions qui y sont énoncées : sais-je si ma jeunesse triomphera des assauts multipliés que m'a livré l'infortune ? Paris est menacé : puis-je prévoir ce qui arrivera, si nos troupes sont forcées de céder au nombre ? N'a-t-on pas tout à craindre d'un vainqueur irrité ? Les souverains n'ont-ils pas à venger leurs capitales envahies, insultées, pillées, incendiées ? Où s'arrêteront ici la dévastation et le carnage ?

D'après ces réflexions, j'ai fait venir

mon notaire, et j'ai signé les actes qui assurent à chacun des marques de ma reconnaissance. Quels que soient les évé- nemens de la guerre, la terre restera, et on ne pille pas les dépôts publics, qui n'offrent à la cupidité que des pa- piers sans valeur. Ainsi, ceux qui sur- vivront aux fléaux qui nous menacent pourront jouir d'une existence heu- reuse.

Enfin voici une lueur de soulagement et de consolation. Jérôme se fait enten- dre tout à coup dans les cours de l'hôtel; il franchit l'escalier en chantant; il entre dans ma chambre. Je désespérais pres- que de le revoir; je l'ai embrassé avec transport. Il m'apprend qu'il les a vus, que leur santé n'a pas souffert. Où les a-t-il rencontrés? dans quel état les a-t-il laissés? Voilà les questions que j'allais lui faire..... Sa femme est accou- rue; elle lui a apporté son fils. Ce mo- ment appartenait à la nature; je me suis bien gardée d'en troubler la douceur. Il les a vus! Leur santé n'a pas souffert, répétais-je à voix basse, pendant que l'intéressante famille se livrait à ses transports.... Il les a vus! Leur santé n'a pas souffert!

Jérôme, rendu à son attachement pour moi, est entré dans des détails qui excitaient alternativement en moi toutes les sensations. A la terreur, à la pitié, succédait un rire machinal sans doute, mais qui reposait ma tête et mon cœur. C'est pour prolonger cet état apathique, dont tout le prix est dans l'absence de la douleur, que je vais te transcrire le récit du bon Jérôme. Je conserverai ses expressions autant que je le pourrai.

Je ne te dirai rien des dangers auxquels cet excellent homme a été exposé. C'est à moi qu'il appartient de m'en souvenir: ces détails seraient froids pour ceux qui ne le connaissent point, ou qu'il n'a pas obligés. A travers des obstacles, sans cesse renaissans et presque insurmontables, il a pénétré jusqu'à Limoges. Là, il se disposait à renouveler les questions indirectes, qu'il avait multipliées dans tous les lieux où il espérait obtenir quelques renseignemens ; là, assis modestement dans une cuisine d'auberge, il parlait de choses indifférentes, et un verre de vin, offert à propos, forçait l'attention et obligeait à lui répondre. Un postillon paraît, se fait servir, et, en prenant un repas frugal, il raconte qu'il vient de faire une course, et qu'il a rencontré deux prisonniers sous l'escorte d'une escouade de gendarmerie. Jérôme parle de l'ennui de vivre seul en voyage ; il demande une bouteille du meilleur vin, et il propose au postillon de mettre leur dîner en commun. La proposition est acceptée ; la conversation s'engage ; Jérôme la ramène sur les prisonniers, et verse au postillon. Le vin rend causeur, et celui qui ne coûte rien donne de la complaisance. Le postillon répond à tout, et Jérôme commence à croire que les deux prisonniers sont ceux qu'il cherche depuis si long-temps. Son joyeux convive ne s'arrête plus. Fier d'appartenir à un sous-officier, il prouve très-longuement que le commandant de l'escouade est son cousin-germain. « Eh! comment ne « dîne-t-il pas avec vous? — Oh! dame, « il est vaniteux, et il a cru me faire « beaucoup d'honneur en payant cho- « pine à la dernière poste. — Il faut « prouver à ce monsieur-là qu'on doit « accueillir ses parens, sous quelque ha- « bit qu'on les trouve. Monsieur l'hôte, « une chambre et un bon repas. — Ma « foi, je n'ai pas le sou. — J'ai de l'ar- « gent, moi, et mon unique objet n'est « pas de donner une leçon à votre cou- « sin : j'ai fait la campagne de Talaveyra.... — Et lui aussi. — Bon. Nous par- « lerons guerre; rien ne m'amuse da-

« vantage, et quand je peux me procu-
« rer ce plaisir-là, je ne regrette point
« un ou deux écus. Ah! çà, j'ai une
« grâce à vous demander. — Qu'est-ce
« que c'est, mon brave homme? — Vous
« inviterez, en votre nom, M. le maré-
« chal-des-logis; vous ferez les honneurs
« du dîner. Je veux qu'il vous en ait
« l'obligation toute entière. »

Le postillon a trouvé très-commode de paraître généreux sans rien dépenser. Il est allé chercher le parent, qui s'est fait un peu prier, mais qui, à l'aspect d'une table bien servie, s'est attendri en faveur du cousin. Il a nommé avec complaisance leurs ancêtres communs, en observant toutefois que personne de la famille n'a poussé sa fortune aussi loin que lui.

Jérôme glissait un mot de temps en temps; il hasardait une question; il revenait promptement à l'affaire de Talaveyra. Il a acquis la certitude absolue que mon père et M. de Courcelles étaient dans les prisons de Limoges, et qu'on les conduisait à Paris. C'était beaucoup que de savoir cela; mais il fallait les approcher, leur parler, et pour amener ce moment intéressant, il était essentiel d'écarter toute espèce de soupçon, et de gagner l'affection du maréchal-des-logis. En revenant à cette bataille de Talaveyra, Jérôme a parlé avec les plus grands éloges de je ne sais quel régiment de Cuirassiers, qui s'est réellement distingué à cette journée. Par un heureux hasard, ce régiment est celui d'où sort le maréchal-des-logis. Des louanges que rien n'avait provoquées l'ont flatté sensiblement; la confiance et la cordialité se sont établies aussitôt.

Jérôme était déjà très-avancé; mais il lui restait bien plus à faire. Il a aussitôt imaginé une histoire assez vraisemblable, et qui pouvait le conduire à son but. Il s'est dit jardinier à Paris. Il a déclaré avoir quelques épargnes qu'il voulait mettre à l'abri des chances de la guerre, et qu'il allait confier à son père, tisserand à Tarbes. Il a ajouté que l'armée anglaise étant entrée à Bordeaux, le retour de Tarbes à Paris pourrait n'être pas sûr plus tard, et que, toutes réflexions faites, il retournerait auprès de sa femme et de ses enfans, s'il pouvait se procurer une escorte.

L'avantage de voyager avec un homme, qui avouait avoir de l'argent, et qui paraissait disposé à la reconnaissance, peut-être un désir naturel d'obliger, et les éloges continuels que donnait le postillon à son nouvel ami, ont déterminé le maréchal-des-logis. Il a proposé à Jérôme de faire route avec lui. Jérôme a marqué combien il était sensible à la proposition, en faisant couler le vin à flots.

Une interpellation inattendue a failli tout renverser. Le maréchal-des-logis a dit à Jérôme que sans doute il avait un passe-port. Personne de nous n'avait pensé à cette pièce importante, surtout dans les circonstances actuelles. Jérôme a balbutié; il s'est appuyé sur son ignorance de toute espèce de formalité. Il a fait remarquer que s'il avait quelque chose à craindre, il ne s'empresserait pas de se lier avec des officiers de gendarmerie. Le maréchal-des-logis paraissait incertain du parti qu'il prendrait; le postillon se prononçait pour Jérôme. Il soutenait que les honnêtes gens n'ont pas besoin de passe-port, et que les fripons s'en procurent pour échapper aux recherches dirigées contre eux. Cette manière de juger ne paraissait pas convaincante au maréchal-des-logis; il appuyait avec force sur son attachement à ses devoirs. Jérôme proteste qu'il n'aura pas de contestations avec un homme qui a été comme lui à la bataille de Talaveyra, et qu'il consent à sacrifier une partie de son avoir pour conserver le reste. Il met dans la main du scrupuleux officier un rouleau de cinquante louis; il en donne dix au postillon. Dès lors, plus de difficultés, plus de craintes : tout le monde est intéressé à garder le secret.

Le postillon écrit le nom d'un vieux journalier, qui demeure à une lieue de Limoges, et qui a des enfans de l'âge de Jérôme. Le maréchal des logis prend le fidèle serviteur et le conduit à la mairie. Là, il déclare que déjà fatigué de la route, et ayant encore une longue carrière à parcourir, il a pris au village voisin un homme pour le servir, et il demande un passe-port pour lui. On ne refuse pas un passe-port demandé par un sous-officier de gendarmerie, en qui on a assez de confiance pour le charger de conduire des prisonniers d'Etat. On expédie, on signe, le cachet de la municipalité est apposé. Jérôme est au comble de ses vœux.

Il était essentiel qu'il parût ne pas connaître les prisonniers; il l'était plus encore de se mettre en mesure de favoriser leur évasion. Jérôme a employé le reste de la journée à trouver un cheval, grand, fort, d'une prodigieuse vitesse, et dont l'extérieur très-commun excitât plutôt le rire que l'envie. Il lui fallait un prétexte pour se monter, et il a eu le rare courage de se faire une plaie à une jambe. Le maréchal des logis n'a pas été fâché du prétendu accident qui mettait son domestique dans la nécessité de lui faire honneur, et il l'a un peu raillé d'avoir payé cinq louis une rosse qui paraissait valoir vingt écus. Ce pauvre cheval, si méprisé, a coûté huit cents francs, et ce que j'ai de plus cher au monde lui doit son salut.

Le lendemain, à la pointe du jour, on s'est mis en route. Mon père et Jules étaient dans une voiture assez commode. Ils regardaient Jérôme avec attention. Ils cherchaient à reconnaître des traits qu'ils avaient oubliés. Bientôt un léger signe d'intelligence a fait connaître au digne serviteur que les deux êtres chéris savaient qu'ils étaient toujours présens à ma mémoire. Le maréchal des logis voulait pousser ce jour-là jusqu'à Morterolles. Il n'était pas possible que les mêmes chevaux fissent douze lieues sans se rafraîchir plusieurs fois, et c'est à ces haltes que Jérôme se proposait d'agir. En attendant le moment favorable, il chantait, il causait, il riait avec les gens de l'escorte. Il paraissait ne pas s'occuper des prisonniers.

On s'est arrêté dans un assez fort village, à quatre lieues de Limoges. Jérôme, toujours empressé de plaire à messieurs les gendarmes, a rassemblé ce qu'il y avait de mieux dans cinq à six cabarets, et a fait préparer un bon et copieux déjeuner. Il a poussé la complaisance jusqu'à prendre soin des chevaux, pendant que le feu de tous les fourneaux pétillait sous les casseroles. Mais il ôtait le fourrage des rateliers; il le rejetait dans le grenier à foin, qui est précisémeut au-dessus de l'écurie, et il doublait la ration de son cheval. Il allait et venait ; il avait l'œil à tout : M. le maréchal des logis était enchanté de son domestique.

On a servi. Les prisonniers et les gendarmes se sont réunis autour d'une grande table, et après avoir satisfait la première faim, on a commencé à parler. Cinq à six hommes du même métier, rassemblés pour une même opération, reviennent nécessairement, par intervalles, à l'affaire du moment, et les questions naissent naturellement du fond du sujet. Mon père et M. de Courcelles aidaient à les amener. Ils étaient convaincus que Jérôme était chargé d'une mission importante ; ils ignoraient quel en était l'objet, et combien de temps le brave homme resterait avec eux. Mais ils prévoyaient qu'il était utile de l'instruire de détails dont la connaissance pouvait le diriger dans son entreprise, quelle qu'elle fût. C'est alors que Jérôme a appris que mon père et Jules ont été arrêtés le 15 de février.... Le 15 de février, Claire ! c'est le jour même, où, pour leur conserver la liberté et la vie, je me suis abandonnée à l'infâme ! Il avait tout disposé d'avance, et en se livrant à ses affreux transports, il avait la conviction intime que ses ordres étaient exécutés partout, et il jouissait du plaisir cruel de frapper toutes ses victimes à la fois. Et cet être odieux prospère ! Et les larmes, les vœux de l'innocence ne sont point exaucés ! Il n'y a pas de providence.... Que dis-je ! elle existe, et sans doute sa vengeance, si long-temps différée, ne sera que plus terrible.

Au moment où les suppôts de la police sont entrés au château, où ils ont découvert dans le jardin cette prétendue correspondance, où ils ont saisi mon père et Jules, ma pauvre mère est tombée dans une crise violente. On n'a pas daigné s'occuper d'elle ; on a privé son époux et son fils adoptif de la consolation de la voir revenue à la vie ; on l'a abandonnée aux soins de ses domestiques ; on a enlevé les deux infortunés. Quel tigre ! Quel tissu d'abominations ! Mon sang bout dans mes veines ; ma bouche est desséchée ; je suis altérée de vengeance. Si le monstre était devant moi, je lui plongerais un couteau dans le cœur.

Le maréchal-des-logis n'est pas un être inhumain. Il avait des procédés pour les intéressans captifs, mais il les surveillait de très-près. Il les consolait, il les encourageait, il cherchait à les rendre à l'espérance ; mais il convenait de la difficulté de percer jusqu'à Paris ; il laissait entrevoir qu'il faudrait peut-être

s'arrêter à Châteauroux, et que la........
Il a fait résonner à l'oreille de Jérôme le
mot *commission militaire*, mot terrible, que je ne peux plus entendre sans
tressaillir.

Jérôme a senti qu'il n'avait pas un instant à perdre; qu'il fallait tirer les deux
proscrits des mains de la gendarmerie,
les servir ensuite autant qu'il le pourrait,
et, si les circonstances l'exigeaient, les
abandonner enfin à la fortune, qui se
lasse quelquefois de persécuter. En conséquence, et sans affectation, il a prolongé le déjeûner, en provoquant sans
cesse la sensualité des gardes. Pendant
qu'ils sablaient le vin chaud, il est sorti
pour faire donner l'avoine aux chevaux.
A peine le garçon d'écurie avait-il vidé
le boisseau dans la mangeoire, que l'a-
voine était reportée dans le coffre. Le
cheval, sur qui reposait un grand dessein, était seul dans l'abondance de toutes choses.

On repart ; on marche au pas ; on arrive à Bois-Mandé. Le dîner se prépare ; la manœuvre de l'écurie se renouvelle ; on met la table ; on y reste long-temps : il n'y a que deux lieues de Bois-Mandé à Morterolles. Mais déjà les chevaux en ont fait dix, sans manger et sans boire ; ils ont déjà marché pendant dix jours : Jérôme est certain qu'ils n'iront pas jusqu'à Morterolles.

On se remet en route à la chute du jour. Deux excellens repas ont égayé messieurs les gendarmes. On rit, on chante, et Jérôme en donne l'exemple ; on le proclame un bon vivant. Bientôt un des chevaux de la voiture s'arrête ; on le frappe, il se couche. Deux gendarmes descendent pour le relever ; leurs chevaux se couchent à leur tour. La gaîté disparaît ; l'embarras lui succède. Quel parti prendra-t-on ?.... Il reste à peine une lieue et demie à faire, et on peut mettre les détenus à pied. Mais tous les chevaux se couchent successivement; ils appartiennent aux gendarmes. Les exposera-t-on à être volés, ou à périr faute de secours? Le maréchal-des-logis parle ; mais l'intérêt personnel commande ; personne ne veut s'éloigner. Un bûcheron sort d'une forêt qui borde le chemin. On apprend qu'un maréchal demeure à un quart de lieue de là. Un gendarme propose de monter le cheval de Jérôme, et de prendre le bûcheron en croupe, pour lui servir de guide. Jérôme fait observer au maréchal-des-logis que ce cheval est le seul qui soit debout; qu'il a fait dix lieues, et qu'il est important de le ménager pour quelque besoin plus urgent. Il ramène la troupe à son avis; deux gendarmes partent à pied; le bûcheron les conduit. Jérôme a acheté sa bourrée; il y met le feu; on se forme en cercle, et on attend, en se chauffant, le retour des deux camarades.

Le maréchal paraît. Il prononce que la fatigue a échauffé les chevaux, il les saigne et les affaiblit davantage. Ils résistent aux caresses, aux menaces, aux coups. Le maréchal conseille de les laisser reposer quelques heures, et il proteste qu'ils se leveront. Jérôme appuie, et fixe les irrésolutions. Il ne s'agit plus que de s'arranger pour se garantir du froid. On envoie le bûcheron couper du bois dans la forêt. On alimente le feu qui commence à s'éteindre. Le maréchal des logis monte dans la voiture avec les prisonniers. Son brigadier appose des cadenas aux deux portières, et serre les clefs dans sa poche. On dételle, on desselle les chevaux, pour les mettre plus à l'aise ; chacun s'enveloppe dans son manteau et se couche auprès du feu.

Jérôme n'a rien prévu des événemens de la journée ; mais il est prêt à tout. Il tire de sa valise d'excellente eaude-vie de Cognac; la bouteille circule à la ronde. L'intempérance, à laquelle on s'est abandonné pendant le jour, la lassitude et le cognac enfin appesantissent les paupières ; bientôt un sommeil profond règne partout. Jérôme écoute; il attend ; il ne veut rien donner au hasard : ce moment est décisif.

Il s'approche de la voiture; il écoute encore. Le silence le plus absolu lui donne lieu de croire que le maréchal des logis a cédé aussi au besoin du repos. Il quitte son habit; il met sa chemise en pièces ; il enveloppe les fers et les sabots de son cheval ; il le conduit sans bruit dans les brancards de la voiture. Il retourne à la portière ; il revient au feu ; il prête une oreille attentive ; il n'entend pas le moindre mouvement. Il place une pièce du harnois; il s'arrête. Il en place une seconde, une troisième; son cœur bat avec violence; il se dilate, quand Jérôme pense que dans cinq minutes, les êtres chéris seront libres ; il se reserve à la seule idée qu'un homme peut s'éveiller, le surprendre, que ses maîtres seraient perdus sans ressources, et lui peut-être avec eux.

Il s'assure, autant que le lui permet l'obscurité, que rien ne manque au harnais, que tout est à sa place et bien fixé. Il ôte les linges qu'il a mis aux pieds de son cheval ; il s'élance sur le siége ; il enlève la voiture au galop. Il entend des cris derrière lui ; il entend le maréchal des logis, frappant du poing à droite et à gauche ; il fouette plus fort, et son cheval, qu'il n'a contenu qu'avec peine pendant la journée, répond à son impatience. Bientôt il n'entend plus que les vociférations impuissantes du maréchal des logis.

Un chemin de traverse se présente à sa gauche. Jérôme a parcouru ces cantons à pied, et en évitant les lieux trop habités, il est sûr que ce chemin lui fera tourner Morterolles. Il s'y jette, ventre à terre, au risque de tout briser. Il entre dans un bois de quelques arpens; il se reconnait; il arrête. Il s'arme d'un caillou; il fait sauter les cadenas des portières.

« Vous êtes seul contre trois, dit-il, « au maréchal des logis, ainsi la résis- « tance est inutile. On ne vous fera pas « de mal; mais soyez docile. Descendez.» Jules élève la voix et d'un ton à faire sentir au sous-officier qu'il faut qu'il ploye. Cet homme s'est bien gardé de prendre dans ses poches des armes, dont les prisonniers auraient pu s'emparer. Confiant en ceux qui devaient entourer la voiture, il a laissé ses pistolets dans ses fontes, et un sabre est inutile, quand on est serré de manière à ne pouvoir le tirer. Il descend, confus, humilié; Jérôme le désarme, et la pointe sur le cœur, il l'oblige à passer ses mains derrière le dos. Jules les attache fortement avec son mouchoir; celui de M. de Meran les lie fortement à un arbre, de façon à interdire toute espèce de mouvement. Les deux infortunés respirent; ils se jettent dans les bras de leur libérateur.

Tout-à-coup, on entend un cheval, qui arrive à toute bride. On se croit poursuivi; on tremble de retomber dans les fers. Jules prend le sabre des mains de Jérôme; il jure de périr plutôt que de se rendre. Bientôt on distingue un bruit égal et mesuré; on en tire cette conséquence qu'un seul homme va paraître. C'est peut-être un voyageur, peu disposé à se mêler des affaires d'autrui. Quoi qu'il soit, au reste, il ne peut être redoutable.

Le cavalier arrive et s'arrête; Jules lui ordonne de passer. « C'est vous, « M. de Courcelles! c'est vous, M. le « comte! » s'écrier et sauter de son cheval sont l'affaire d'une seconde. Plus de doutes, plus de craintes ; on s'est reconnu, on est enchanté de se revoir. Ce cavalier est encore un modèle de dévouement et d'activité. C'est Firmin, que ma mère a fait partir avec ordre de suivre les proscrits, de leur aider, si les circonstances le permettent, et de lui écrire chaque jour où ils sont, et ce qu'il est permis d'espérer.

Un cri unanime s'élève : « comment
« avez-vous laissé madame de Méran ?
« — Pas mal, messieurs, assez bien à
« l'égard de la santé, mais horriblement
« inquiète de votre avenir, ainsi que
« vous pouvez le penser. » On n'avait pas de temps à perdre, on le sentait, et cependant on voulait savoir comment Firmin avait eu connaissance de la route que les voyageurs venaient de prendre, et qu'il pouvait très-bien ne pas connaître seul : il a eu le bon esprit d'être court. Il a constamment suivi la voiture à une demi-lieue de distance. Il

avoue n'avoir eu ni l'audace, ni l'adresse de former un plan d'évasion ; mais il était préparé à toute espèce d'événemens. Quand les chevaux ont été forcés de s'arrêter, il s'est glissé dans la forêt ; il y a attaché son cheval, et il s'est avancé à la lueur du feu. La lumière portait alors sur le visage de Jérôme ; il l'a reconnu, assis au milieu des gendarmes et buvant avec eux. Son aspect lui a paru d'un heureux présage; mais dans l'ignorance absolue où il était de ses desseins, il s'est bien gardé de paraître ; il s'est borné au rôle d'observateur. Au moment où il lui a vu mettre son cheval dans les brancards, il a pénétré ses vues, et il s'est hâté de prendre le devant, en suivant la lisière intérieure du bois. La voiture a passé, et il a marché, cent toises en arrière, armé jusqu'aux dents, et décidé à faire sauter la cervelle au premier gendarme qui se montrerait. « Et si de Velzac ici, on

« t'eut demandé tes passe-ports? — J'en
« ai un bien en règle, monsieur le com-
« te, que je me suis fait moi-même, et
« que j'ai scellé du cachet de la muni-
« cipalité, en buvant bouteille avec l'ad-
« joint du maire. »

Ce récit terminé, on a raisonné sur le parti qu'il fallait prendre. Jérôme connaissait les routes, et répondait de tout. Firmin priait ses maîtres d'observer qu'il faudrait s'arrêter quelquepart; que les princes légitimes ont des partisans partout, mais que personne n'osait se prononcer à soixante lieues des armées alliées; que sans doute, à la pointe du jour, trente brigades de gendarmerie battraient le pays, fouilleraient partout, et que très-probablement les fugitifs seraient repris. Il ajoutait que dans sa première jeunesse il avait été jockey chez M. de Perceville, ancien lieutenant-général et cordon rouge ; que ce seigneur, très-attaché à la cause des Bour-

bons, s'est retiré depuis quinze ans dans un château, situé à deux lieues d'Argenton, et que c'est chez lui qu'il faut chercher un ailse. Jules a déclaré nettement qu'il voulait aller à Paris. « Madame d'Apremont est
« en proie à tous les genres de dou-
« leurs ; je serais un lâche, si je l'aban-
« donnais. Hé, à qui appartient-il d'es-
« suyer ses larmes, si ce n'est à son père
« et à moi ! »

Être adorable, être adoré ! Il est donc vrai que l'amour est encore tout pour toi, et que tu n'aurais pas balancé à lui sacrifier ta vie !

M. de Méran lui a fait sentir aisément les dangers de ce dessein, et l'inutilité de son exécution. « Ma fille nous a écrit
« que M. d'Apremont a un excellent
« avocat ; qu'elle multiplie les démar-
« ches, les sollicitations : que pouvez-
« vous faire de plus ? — La consoler,
« ou pleurer avec elle. — Hé, qui la

« consolera, jeune homme, si vous pé-
« rissez vous-même? » Ce raisonnement a entraîné Jules. On arrête qu'on
se rendra chez M. de Perceville, et qu'on
lui demandera l'hospitalité et le secret.
Hélas! ils s'occupaient du salut de M.
d'Apremont, et déjà c'était fait de lui.

On met le cheval de Firmin en bri-
colier à la voiture. Celui de Jérôme, déchargé de la moitié du fardeau, repart
comme un trait. Il y avait huit lieues à
faire; on les parcourt en trois heures.
Le jour allait paraître; et il fallait dérober à tous les yeux les traces des fugitifs. Mon père et le bien-aimé descendent à peu de distance du château.
Jérôme, bien instruit de la position, se
remet en route, tourne Argenton, gagne
la grande route de Châteauroux, verse
la voiture dans un fossé, détèle les chevaux, les abandonne dans un champ de
blé, et revient à Perceville.

Firmin a caché ses maîtres et leurs

minces valises dans un petit vignoble. Il se présente à la grille du château : il était alors sept heures du matin. M. de Perceville n'était pas levé encore et il fallait éviter de marquer un empressement, qui aurait pu donner des soupçons aux domestiques. Firmin demande au concierge des nouvelles de ses anciens camarades. Il n'en reste qu'un, que ses longs services ont porté à l'emploi de valet-de-chambre. Il est difficile de parler à un valet-de-chambre, qui attend le lever de son maître. Mais le concierge est un bonhomme, étranger par sa place à toute espèce d'étiquette. Il fait asseoir Firmin et va chercher Baptiste. Baptiste se souvient parfaitement de l'espiègle, qui faisait quelquefois rire monsieur, et qui ne manquait pas de faire danser les filles le dimanche. Il dit au concierge de le faire passer à l'office, où il ira le trouver dès qu'il sera libre.

Firmin déjeûne, en attendant Baptiste, et recommence quand Baptiste est arrivé. Il sentait que ses maîtres étaient exposés au froid, et souffraient du besoin. Il sentait aussi qu'il pouvoit tout perdre, en précipitant les choses. Il raconte à Baptiste une partie de ses aventures, et il a la patience d'écouter le récit verbeux du bonhomme. Il témoigne enfin le désir de présenter son hommage à son ancien maître. Baptiste lui répond qu'il se promène ordinairement en famille une heure avant le déjeûner, et qu'il saisira ce moment pour le présenter. Il faut se résigner et attendre.

M. de Perceville paraît enfin dans son parc. Il donne le bras à madame; ils sont précédés de leurs enfans, une demoiselle de seize à dix-sept ans, et un fils, qui en a dix ou douze. Baptiste présente humblement son ancien camarade; M. de Perceville adresse, avec bienveillance, quelques mots à Firmin, et passe. Firmin, désolé, court après lui ; Baptiste le retient par sa redingote ; Firmin lui échappe, et il demande tout simplement un entretien particulier à monsieur et à madame. On s'éloigne des enfans, on change d'allée ; Firmin s'explique. Le nom de M. de Méran entraîne avec lui l'estime et la considération ; M. de Perceville n'a rien à lui refuser ; il ne trouve même aucun mérite à le recevoir chez lui : le gouvernement a tellement tendu les ressorts de sa machine, que tout est prêt à rompre et à entraîner le souverain dans la chute universelle. Cependant il faut se défier encore des dépositaires de l'autorité, fidèles, par intérêt, à un parti auquel ils doivent ce qu'ils sont.

Sous quel prétexte introduira-t-on au château M. de Méran et son ami ? Quel rôle y joueront-ils ? M. de Perceville et Firmin réfléchissent et se regardent. « Un chef d'escadre, dit madame de « Perceville, doit savoir encore assez

« de mathématiques pour donner les
« premiers élémens de cette science à
« un enfant. M. de Courcelles, reprend
« Firmin, est un musicien consommé.»
De ce moment il n'existe plus d'obstacle,
tout est arrangé, tout est convenu.

M. de Perceville remarque que la
terre est humide, et il invite sa famille
à rétrograder. On rentre au château, et
madame ordonne qu'on mette les chevaux à la calèche. «Mes enfans, dit M.
« de Perceville, je vous ai ménagé une
« surprise agréable. J'ai mandé de Li-
« moges un professeur de mathéma-
« tiques et un maître de piano. Je ne
« réfléchissais pas qu'ils peuvent être
« ici dans une heure, s'ils ont pris la
« diligence. Vous ne monterez pas en
« voiture avec nous, parce que si nous
« les rencontrons, nous les prendrons
« dans la calèche. Je vous invite à leur
« marquer la bienveillance et les égards
« que vous devez à ceux qui veulent

« bien vous donner des connaissances
« utiles ou agréables. Baptiste, ce Fir-
« min me priait dans le parc de le placer
« chez quelque ami en qualité de cocher.
« Il était déjà bon postillon, quand il
« m'a quitté; il annonçait des disposi-
« tions. Cependant je veux connaître ce
« qu'il sait faire, et si je suis content de
« lui, je m'occuperai de son sort. Dites
« à la Brie qu'il ne montera pas sur le
« siége aujourd'hui. »

Firmin n'a jamais été cocher; mais il n'est pas difficile de mener à la campagne, où on rencontre à peine une voiture par heure. La calèche part; on arrive sous le vignoble, dépositaire de la vie de trois personnes. Firmin descend et va avertir ses maîtres que tout est arrangé. Mon pauvre père mourait de froid. Jules et Firmin le soulèvent sous les bras, et lui aident à marcher. M. de Perceville court au-devant de lui. Les premiers complimens sont courts : les malheureux ne sont pas parleurs, et l'homme bienfaisant s'exprime par ses actions. On place les intéressans proscrits, et en retournant au château, on les instruit de ce qu'ils doivent faire et dire.

Le premier soin de M. de Perceville est de les faire changer d'habits, avant que les domestiques puissent remarquer comment ils sont vêtus. Il leur fait prendre une redingote et un pantalon de coton blanc. Ce genre d'habit ne se reconnaît pas : il est d'un usage général, et il est de mise à neuf heures du matin. On charge une table de papiers, de crayons et d'instrumens de mathématiques; on ouvre le piano et une partition ; il était temps. On voit arriver quatre gendarmes à la grille principale. M. de Méran et Jules ne les connaissent point. Il est clair qu'on a remplacé ceux qui les escortaient, et dont les chevaux étaient hors de service : voilà un avantage. Ceux-ci n'ont pour connaître les proscrits que la ressource de signalemens, toujours fautifs, et dont, par cette raison, l'application est difficile. M. de Perceville court au-devant des gendarmes, pour prévenir des questions auxquelles les domestiques pourraient répondre de manière à compromettre les hôtes, qui viennent d'arriver. Le chef de l'escouade communique un ordre, et M. de Perceville lui sert de guide. Firmin saute par une fenêtre, jette la livrée dans une touffe de lilas, et s'arme d'une bêche; Jérôme se réfugie dans une étable; il s'y cache à tous les yeux, même à ceux des gens de la maison. M. de Méran prépare une première leçon; Jules prélude sur le piano. Les gendarmes entrent, et les accords de Jules fixent leur attention. Il a la complaisance de leur toucher une sonate, et il conserve un sang-froid imperturbable. Mon père se sert alternativement de la règle et du compas; madame de Perceville brode; sa fille est appuyée sur le dossier de la chaise de Jules, et elle jouit; son frère joue au volant.

Ce tableau, tout naturel, éloigne les soupçons. Les gendarmes sortent de la salle; ils visitent tout le château; ils passent dans le parc; ils entrent dans le potager; Firmin travaille, et ne daigne pas lever la tête. Il restait à voir la ferme et les bâtimens qui en dépendent, lorsqu'un second détachement paraît. L'infatigable M. de Perceville aborde cette nouvelle escouade; personne ne peut parler qu'à lui; la curiosité des domestiques est encore en défaut. Les deux chefs sont en présence, et celui qui arrive dit que les fugitifs ont dépassé Argenton; qu'on a trouvé leur voiture et leurs chevaux sur le chemin de Châteauroux; que c'est de ce côté-là qu'il faut les chercher, et qu'il est essentiel de se réunir. En un clin d'œil, la troupe est à cheval ; les commandans font beaucoup d'excuses à M. de Perceville ; ils s'éloignent ; le calme renaît ; l'espoir brille dans tous les yeux ; on déjeûne ; on en avait besoin.

Quand les domestiques ont eu fini leur service, que les enfans ont été reprendre leurs jeux accoutumés, on s'est demandé ce qu'on ferait de Jérôme et de Firmin. M. de Perceville n'avait pas de motif pour augmenter le nombre de ses gens, et ceux dont on s'occupait pouvaient être très-utiles encore à leurs véritables maîtres. On décide, après une courte discussion, que Firmin se logera dans une auberge à Argenton ; qu'il y produira son passe-port et un certificat de service très-en règle, qu'on lui fabrique à l'instant et qu'on signe d'un nom en l'air ; qu'il paraîtra chercher

une nouvelle condition, et qu'il attendra les ordres de mon père et de Jules. On arrête que Jérôme tâchera de rentrer à Paris, et qu'il me remettra des lettres de M. de Méran et de son ami. Ils m'écrivent, ils écrivent à ma pauvre mère, pour la rassurer sur leur sort. M. de Perceville fait venir Baptiste. « Je suis,
« lui dit-il, très-content de Firmin,
« comme cocher. Il est inutile qu'il se
« fatigue là bas, pour me prouver qu'il
« entend le jardinage. Qu'il reprenne
« son habit et qu'il entre. » Firmin paraît et reçoit ses instructions. Il cherche, il trouve Jérôme ; il lui remet le paquet qui m'est destiné ; il prend congé de son ami Baptiste et part. Jérôme saute par-dessus les murs du parc ; il retrouve les détours qui ont déjà assuré sa marche ; il évite les avant-postes des alliés ; il traverse ceux des Français à l'aide du passe-port que l'officieux maréchal-des-logis lui a

fait obtenir ; il ne perd pas une heure ; à pied, à cheval, en voiture, selon les circonstances, il arrive sous les murs de Paris, et son cœur palpite de joie ; il entre à l'hôtel ; il retrouve sa femme et son fils ; il me revoit ; son bonheur est complet.

J'ai différé, pour ne pas interrompre son récit, à te parler des deux lettres, dont une est maintenant mon unique consolation. Je les ai ; elles sont là ; elles ne me quittent plus. Celle de mon père est tendre. Il s'accuse de mes malheurs ; il me demande pardon ; il espère que mon mari échappera à la proscription. M. de Méran ne m'aurait pas écrit ainsi, il y a deux mois. Isolé, maintenant, dépouillé d'un vain éclat, il est forcé de descendre dans son cœur, d'y chercher un appui, de s'abandonner exclusivement à ses affections. Oui, Claire, le malheur est bon.

à quelque chose : il m'a rendu mon père.

Il me demande pardon ! Jamais je n'ai eu, contre lui, le plus léger ressentiment. Il a tout sacrifié à l'orgueil, comme j'étais disposée à tout faire pour l'amour. Nos passions étaient différentes, voilà tout. Nous leur avons cédé, chacun de notre côté. La nature et son autorité étaient du sien ; je devais être sa victime : je l'ai été ; qu'il soit heureux !

Il ne me dit pas un mot du monstre. L'homme adoré ne me parle que de lui : il veut me rétablir dans ma propre estime. Un faible enfant qu'on assassine, n'est pas, dit-il, complice de son meurtrier ; il meurt pur et innocent. Toute sa lettre est du style le plus touchant, le plus animé ; c'est un cœur souffrant, déchiré, qui en a dicté les moindres expressions. Le mot *amour* ne s'y trouve pas, Claire ; mais je le devine à chaque ligne; je crois le lire sur le blanc du papier; il y serait sans doute, si Jules était instruit de la terrible catastrophe... Quand Jérôme est parti, M. d'Apremont vivait.

Non, je ne suis pas digne de lui. L'amour, une fausse délicatesse l'égarent. Le rebut d'un scélérat ne portera pas le nom du premier des hommes. Je veillerai sur son honneur, s'il oublie d'en prendre soin. J'ajouterai à mes maux, en résistant à mon cœur; mais je ne partagerai pas une faiblesse, qui serait suivie d'inutiles regrets, quand la raison ouvrirait les yeux fascinés de mon amant.... Et pourquoi te cacher le plus fort des motifs qui s'opposent à notre commune félicité, sans lequel, peut-être, l'amour triompherait à la longue des plus fortes résolutions?... J'attends depuis six jours.... Je ne vois pas.... m'entends-tu?.. L'enfant du crime sera haï de Jules, et en abhorrant son auteur, je sens que je serai sa mère.... La force m'abandonne.... mes idées s'obscurcissent...... la plume tombe de ma main..

CHAPITRE VI.

Trois jours passés daus un camp russe..

Jamais autant de maux se sont-ils accumulés sur une pauvre créature ! Jamais se sont-ils succédés avec cette effrayante rapidité ? Que leur opposer ? la résignation ? j'en suis incapable ; le courage ? que peut-il opérer ? Du moins l'accablement où je suis, a cela de bon qu'il rend presqu'insensible à la douleur.

Chaque jour, le soupçon que je t'ai exprimé se fortifie ; des symptômes se joignent au retard.... Je suis mère, mon amie, et ce titre, qui eût été délicieux pour moi, qui m'eût enivré d'une sainte joie, si c'était l'homme adoré... ce titre est un opprobre de plus.

Enchaînés l'un et l'autre par des circonstances différentes; séparés, en apparence pour toujours; faisant d'inutiles efforts pour arracher de nos cœurs un amour, qui survit à tant d'infortunes; libres enfin, par ces coups du sort, qu'on n'attend pas, qu'on ne désire pas, qui arrachent, au contraire, des regrets et des larmes sincères; maîtres de nous livrer, sans remords, à une passion invincible, qui ferait le charme du reste de notre vie, il faut renoncer encore à l'espoir le plus décevant. Il faut s'arrêter devant la nouvelle barrière que le crime a élevée entre nous. Il faut que je porte l'héroïsme de l'amour jusqu'à fixer le bonheur suprême, jusqu'à le toucher, pour ainsi dire, et ne pas oser le saisir. Son ombre chérie errera sans cesse autour de moi; sans cesse j'en sentirai le prix inestimable, et son aspect désespérant ne m'arrachera que des soupirs douloureux.

L'homme adoré et mon père sont restés chez M. de Perceville : y sont-ils encore ? quel avenir leur est réservé ? Jérôme croit ce M. de Perceville probe et loyal. Mais sais-je quelles idées la réflexion aura produites ? Un père de famille ne se doit-il pas exclusivement aux siens? Expose-t-il sa vie pour conserver celle de gens, estimables sans doute, mais qui lui sont inconnus ? J'admets que la probité lui fasse rejeter une trahison, ne dois-je pas craindre les alarmes, qu'en pareille circonstance une mère éprouve nécessairement pour ses enfans et son époux, et quels effets terribles peut opérer son influence sur un homme habitué à l'aimer ! Il est décidé que je n'aurai plus un moment de repos. Ah ! que je revoie le bien-aimé, que je l'entende, que je touche ses vêtemens, que je m'assure qu'il existe et je pourrai vivre encore.

Que je le revoie ! Ah ! Claire, ce vœu est le seul que je forme maintenant. Il me soutient ; il nourrit le souffle de vie qui me reste, et je sens que je ne dois pas le revoir. Une entrevue comblerait mes maux et les siens; elle m'exposerait à des combats, que je n'ai plus la force de soutenir. N'importe, quel que soit le sort qui m'attend, je me dois à mon père; Jules et lui sont maintenant inséparables ; je les verrai tous deux ; je veux goûter encore un moment de bonheur.

Te l'avouerai-je, Claire, au sein d'une extrême débilité, ces premiers baisers d'amour se retracent à ma mémoire ; ils font battre mon cœur, ils exaltent ma tête; ils m'enivrent; ils me font délirer. Et je n'en jouirais plus !... Oh ! encore un, encore un, et la mort après !.

Mais où sont-ils? Où les chercher? Si je le savais, Claire, je partirais, je partirais à l'instant... Bonheur inattendu, inespéré!... J'entends la voix de Firmin.... Je le vois.... Il est là! Je te quitte pour l'entendre, pour recueillir ses moindres paroles.

Que t'ai-je dit ! M. de Perceville a cédé à un premier mouvement de générosité ; il n'a pas eu le courage de persévérer. Dès le troisième jour, qui a suivi l'admission des proscrits, madame de Perceville a exprimé, avec beaucoup de politesse, des craintes, qui, je ne peux me le dissimuler, n'étaient que trop fondées. Son mari a donné à entendre que des services, dangereux pour celui qui les rend, doivent avoir un terme. Un Journal, qui, par une espèce de hasard, est parvenu jusque-là, a porté les alarmes à leur dernier période. Il annonçait la fin tragique de M. d'Apremont, et l'espérance de voir bientôt frapper ses complices. Jules a tremblé pour mon père et pour moi, mais il a su que je suis libre, il l'a su, Claire, et il a respecté les bienséances; il a été maître de lui jusqu'à renfermer sa joie. De ce moment, les infortunés n'ont pu se faire entendre. On comptait les heures, les minutes; on brûlait de les voir sortir du château. Mais où iront-ils? Où seront-ils en sûreté?

Jules prend aussitôt une résolution désespérée, mais digne de lui. « Depuis « long-temps, dit-il à mon père, une « affreuse oppression pèse sur la France. « Déjà elle regarde les Princes alliés « comme ses libérateurs. Osons contri- « buer à l'affranchir. Allons joindre les « Russes; plaçons-nous dans leurs rangs. « Justifiez, M. le comte, les grâces que « vous ont accordées vos Rois, et permet- « tez-moi de partager votre gloire. » Mon père l'a embrassé avec transport. M. de Perceville a applaudi à un dévouement, dont il partagerait les dangers, a-t-il dit, si sa femme, jeune encore, si ses enfans, en bas âge, ne réclamaient impérieusement sa présence. Il a ouvert sa bourse; il a invité M. de Méran à y puiser : Jules avait une ceinture fournie d'or; on a remercié M. de Perceville.

On a envoyé Baptiste à Argenton. Il porte à Firmin l'ordre de revenir au château. Il arrive; on le charge d'acheter une voiture, telle qu'il pourra se la procurer; on lui prescrit d'être à l'entrée de la ville à dix heures du soir.

Pendant le dîner, M. de Perceville déclare poliment à ses hôtes qu'il n'est pas satisfait entièrement de leur manière d'enseigner. Son fils, à qui les mathématiques, et peut-être la méthode de mon père ne plaisent pas, laisse percer sa joie. Une larme mouille la paupière de mademoiselle de Perceville. Pauvre petite ! sous tous les rapports l'éloignement de Jules devenait nécessaire. On feint d'arrêter que ces messieurs iront coucher à Argenton, et que demain ils prendront la diligence de Châteauronx à Limoges. Ils se prêtent à cacher aux enfans, aux domestiques, que M. de Perceville a reçu des proscrits. Il ne finissait pas bien avec eux; mais l'honneur leur imposait la loi d'assurer sa tranquillité.

Sur les huit heures du soir un cabriolet est amené devant le péristyle du château. Mon père et Jules prennent congé, montent en voiture et partent.

Le domestique, qui devait ramener le modeste équipage, s'était placé derrière : ainsi on pouvait causer. L'action du froid agissait puissamment sur des cerveaux qui avaient été long-temps exaltés. Ces malheureux ne voyaient plus que des périls où ils avaient mis la gloire. Comment voyager en sûreté sans aucune espèce de papiers; et si, par une espèce de miracles, on échappe à toutes les recherches, de quelle manière sera-t-on reçu des Russes, à qui on ne peut produire aucun titre ? Ces réflexions étaient accablantes ; cependant on ne savait où trouver un asile ; il était avantageux de s'éloigner de Velzac, et de dix plans proposés, discutés, rejetés, l'idée première de Jules est la seule où on puisse s'arrêter.

Firmin, aussi intelligent qu'exact, se trouve à l'endroit assigné. Il conduit les fugitifs à son auberge, et il va demander des chevaux à la poste avec la hardiesse et le ton assuré d'un homme qui est parfaitement en règle. On célébrait la fête du maître. Pas un postillon ne voulait écouter Firmin ; ils passaient, repassaient, pour se dispenser d'entendre et par conséquent de partir. Le courage de Firmin commençait à faiblir ; l'inquiétude allait naître sans doute, lorsqu'il aperçoit dans la cheminée un vieillard, qui paraît étranger à l'allégresse générale, qui semble ne désirer que le repos. C'est un vieux postillon, que le maître de poste loge et nourrit en reconnaissance de ses services passés. Firmin l'aborde, lui promet dix francs pour sa course, et s'engage à l'aider en tout. Le vieillard refuse. Firmin insiste; il promet quinze francs; il en promet vingt. Le vieillard se lève de dessus son escabelle, et suit pesamment le fidèle serviteur. Ils vont à l'écurie, choisissent des chevaux, prennent des harnais, les placent; Firmin aide au bonhomme à se mettre en selle; on arrive à l'auberge; la cariole est attelée; on part.

Il est difficile d'avoir des chevaux à une première poste, quand le maître suit strictement ses instructions; on ne fait aucunes questions aux postes suivantes, et on est servi promptement, quand on paye bien les guides. Firmin

payait de manière à satifaire la cupidité ;
il ne donnait pas assez pour faire naître
le soupçon. A l'exception de celui qui
semblait communiquer à ses chevaux le
poids et les glaces de l'âge, tous les postillons servaient l'impatience de nos
voyageurs. Les nuits sont longues dans
cette saison, et à la pointe du jour on
distinguait les clochers de Vierzon. On
avait couru quatorze postes ; on n'était
plus qu'à vingt lieues d'Orléans. Pendant toute la nuit, mon père et Jules
s'étaient occupés de la manière dont ils
se présenteraient aux Russes ; ils cherchaient les idées, les expressions les plus
propres à se les rendre favorables, lorsque, par une inspiration subite, mon
père s'est souvenu qu'il a connu autrefois à Brest un marquis de Langeron,
qui peut être celui qui commande avec
distinction en Russie, qu'au moins il
doit être parent du général, et qu'il doit

y avoir de l'avantage à s'appuyer de son nom.

Déjà on était levé partout, et partout on parlait de manière à dissiper les craintes des voyageurs. On attendait la subversion totale du gouvernement, et on paraissait la désirer. Les gendarmes se promenaient par les rues, en redingotes bourgeoises, d'un air mélancolique, inquiet, abattu; ils ne pensaient à inquiéter personne. On change de chevaux devant eux, sans qu'ils adressent un mot aux fugitifs.

On arrive à Salbris. Les charrois militaires ont ruiné les chemins. Mon pauvre père, moulu par les cahots, demande une heure ou deux de repos. Là, le bruit se répand qu'un parti de Cosaques a poussé jusqu'à Orléans; le maître de poste refuse des chevaux. Jules lui en achète deux des plus forts, et les lui paye ce qu'il veut. On remonte en voiture; on part; c'est Firmin qui conduit.

A mesure qu'on avance, les chemins sont moins praticables. Il est trois heures, quand on parvient au haut de la colline d'où on aperçoit Orléans. On arrête, on regarde, on observe. Des partis de cavalerie battent la plaine; ces troupes ne paraissent pas disciplinées, et c'est dans leurs bras qu'il faut se jeter. On avance; on descend la côte avec incertitude, avec anxiété. Un régiment d'infanterie, embusqué dans des vignes, se lève tout-à-coup. Mon père et Jules mettent pied à terre; ils agitent leur mouchoir blanc, en signe de paix; ils abordent le colonel. Cet officier parle français; ils lui racontent leurs déplorables aventures; ils nomment le général Langeron.

Les Russes n'ont pas toujours eu à se louer des Français à qui ils ont accordé leur confiance. Le colonel paraissait défiant et irrésolu. Cependant l'âge de mon père, une figure noble et vénérable, un langage qui avait l'accent inimitable de la vérité, tout concourait à éloigner des idées défavorables. Pouvait-on le confondre avec ces hommes à qui l'inconduite rend les aventures inévitables, et qui portent partout leur indigence, et des vues toujours au-dessus de ce qu'ils valent? Malgré cela, l'officier russe a cru ne devoir pas se rendre à des qualités apparentes qui pouvaient n'être que des moyens de séduction. Il a interrogé séparément mon père, le bien-aimé et Firmin. Persuadé enfin par la conformité de leurs réponses, il leur a expédié une espèce de passe-port, à la faveur duquel ils pouvaient se rendre au corps d'armée placé entre Orléans et Etampes.

On repart; on est arrêté à chaque pas par des Cosaques, qui semblent regretter de laisser échapper cette proie; on tourne la ville d'Orléans; on arrive aux avant-postes d'un corps de dix à douze mille hommes, commandé par le général Pulki. On bande les yeux aux voyageurs ; on leur fait traverser le camp; on les conduit au quartier-général. Mon père se nomme, et le général fait lever les mouchoirs. Il fixe M. de Méran avec la plus grande attention ; il l'écoute avec une extrême bienveillance, avec le plus vif intérêt; enfin il lui jette les bras au cou, et il s'écrie : « Quoi! M. de Méran ne reconnaît pas « ce petit garde de la marine, qu'il met-« tait si souvent aux arrêts à bord du « *Tonnant!* »

Le général Pulki est un seigneur polonais, que ses parens voulaient faire entrer dans la marine royale de France. Les troubles, qui bientôt agitèrent ce malheureux pays, déterminèrent sa famille à le rappeler. Après le partage de la Pologne, il entra au service de la

Russie, et il est parvenu, à force de mérite, au grade d'officier-général.

Mon père a revu, avec un sensible plaisir, un homme qui lui fut recommandé autrefois, qui donnait dès lors les plus belles espérances, et sur qui il veillait avec une affection paternelle. La fortune ne pouvait le servir plus favorablement dans les circonstances où il se trouvait : au moment où il était sans ressources, il rencontrait un ami puissant disposé à tout faire pour lui.

De ce moment, la maison du général est devenue la sienne. Il a été convenu qu'ils ne se quitteraient que lorsque les malheurs de notre déplorable famille seraient réparés.

A cet endroit du récit de Firmin, il m'a semblé qu'on me déchargeait d'un énorme fardeau. J'ai respiré avec plus d'aisance; mon cœur s'est dilaté; un sourire de Jeannette m'a rendue à une sorte de gaîté. Ah! mon amie, après tant de revers, d'angoisses, de tourmens, je voyais mon père et l'homme adoré dans un asile sûr; ils devaient m'être rendus; comment ne serais-je pas revenue à la vie et à l'amour!

Le lendemain, le général Pulki a reçu l'ordre de faire un mouvement à droite, et de se porter sur Meaux. Mon père a repris ses décorations, et il est monté à cheval. Jules marchait à côté de M. de Méran. Il formait des vœux ardens pour la délivrance de son pays; il brûlait de seconder ses libérateurs; sa figure était rayonnante. Jamais, dit Firmin, il n'avait été aussi beau. Ah ! je le crois. L'amour qu'il me porte suffisait pour l'embellir; l'amour de la gloire, unie à ce premier sentiment, devait lui donner quelque chose de céleste.

Après quelques coups de canon, échangés de part et d'autre, le général Pulki est entré dans Meaux. Là, il a su

que des forces immenses se rassemblaient pour faire une attaque générale sur Paris. Il a parlé franchement à mon père des dangers auxquels je pourrais être exposée si les alliés entraient de vive force dans la capitale. « L'empereur Alexan-
« dre, lui a-t-il dit, est plein de magna-
« nimité. Cependant il a de longues in-
« jures à venger, et en admettant qu'il
« porte la générosité à son dernier pé-
« riode, il n'est pas sûr qu'il puisse con-
« tenir des vainqueurs, irrités par une
« opiniâtre résistance. Ecrivez, mon cher
« comte, à madame d'Apremont. Dites-
« lui qu'elle vienne, et que je m'esti-
« merai heureux de lui donner des mar-
« ques de l'éternelle reconnaissance que
« j'ai vouée à son père. »

Voilà encore deux lettres, dont je t'aurais parlé plutôt, si je n'avais craint de couper ma narration, et de nuire à l'intérêt qu'elle a dû t'inspirer. Mon père me renouvelle les assurances du plus tendre attachement; il désire vivement me presser dans ses bras; il me conjure de ne pas laisser échapper l'occasion de me soustraire à de nouveaux malheurs. Il m'invite à suivre Firmin, dont la fidélité et l'intelligence sont éprouvées. Oh! oui, oui, je le suivrai, je ne perdrai pas un moment.

J'arrive enfin à la lettre du bien-aimé. Oh! Claire, quelle lettre! il ne me dit pas un mot de la fin déplorable de M. d'Apremont. Mais il écrit à une femme, dont les tristes nœuds sont rompus; il s'abandonne à la violence d'un amour devenu légitime; des torrens de feu jaillissent de son cœur; il brûle le papier. Il me comble de témoignages de reconnaissance, d'estime, de respect; il veut me faire oublier.... ce qu'il est impossible que j'oublie jamais, ce qui nous séparera sans retour. Mais il ranime en moi cette soif d'aimer, ces transports inexprimables, ces souvenirs délicieux, qui sont autant d'ennemis que je porte dans mon sein, et auxquels je m'abandonnerai sans réserve, tant que je serai éloignée de lui.

Je suis née exclusivement pour l'amour. Ce que la réflexion, le courage n'ont pu faire, l'idée, la seule idée de Jules, toujours constant, vient de l'opérer. Je me rattache à la vie pour le revoir encore ; je suis plus forte à présent que je l'étais il y a cinq minutes ; je l'étais plus alors que pendant celles qui les ont précédées ; je le serai toujours davantage par l'espoir de fixer bientôt mes yeux sur ceux de l'objet adoré.

Voilà le seul bonheur, auquel je doive, auquel je puisse prétendre : il faut que je sache encore maîtriser mes désirs. Mais quand je pense qu'il a fallu renoncer l'un à l'autre ; que tout ce qu'il y a de respectable au monde s'est élevé entre nous ; que j'ai tremblé pour sa vie;

que je me suis sacrifiée pour la lui conserver, et qu'il est sauvé enfin, m'est-il défendu de jouir de mon dévouement, et de céder au besoin irrésistible d'être près de lui, de le voir, de lui parler, de l'entendre ?

Je fais mettre en paquets les objets dont j'ai un besoin indispensable ; on en remplit les coffres de ma diligence. Je prendrai avec moi Jeannette et son fils ; Jérôme prendra les guides; Firmin montera derrière la voiture ; je n'abandonnerai pas des êtres qui ont tout fait pour moi. Les barrières sont libres. Je sortirai de Paris comme quelqu'un qui va prendre l'air dans les environs. J'abandonnerai l'hôtel et tout ce qu'il renferme : que m'importe ce qui n'est pas amour et amitié ?

Dans une demi-heure je serai en route ; dans une demi-heure, je ne ferai plus un pas qui ne me rapproche de lui. Combien ton amie est heureuse ! Jean-

nette prétend que les roses reparaissent sur mes joues. Il est certain qu'à chaque instant je surprends le sourire sur mes lèvres, et que rien n'embellit autant que le bonheur. On m'appelle ; je quitte la plume ; je ne la reprendrai que quand j'aurai vu le bien-aimé. Oh! Claire, que de choses j'aurai à te dire ! et un mot les renferme toutes : amour, amour, amour, toujours amour. . . . .
. . . .

Il est là, mon amie ; il est debout derrière moi ; sa main est appuyée sur mon épaule ; il lit ce que je t'écris, et je ne m'y oppose pas. Il sait combien je l'aime ; il connaît la résolution cruelle que j'ai prise ; je lui en ai dévoilé le motif ; qu'ai-je à lui cacher maintenant ?

Je ne perdrai pas de temps à te rendre compte des détails de mon voyage. Nous avons rencontré quelques détachemens français et russes. Les premiers nous ont fait des questions. J'ai répondu, selon les lieux, tantôt que je suis de Claye, tantôt que j'habite Meaux, et que je fais prendre l'air à mon enfant, qui dort dans les bras de sa nourrice. J'ai fait voir aux Russes le passe-port que le général Pulki a donné à Firmin. Je suis arrivée, sans avoir éprouvé de difficultés réelles, au quartier-général, établi au centre de la ville.

Firmin dit à Jérôme d'arrêter. Je baisse la glace, et lorsque mon œil avide va se porter sur les croisées de la maison, un cri frappe mon oreille; un ange, un Dieu s'élance, se précipite; il ouvre la portière; il me reçoit dans ses bras. Je sens mon cœur battre contre le sien; je suis ivre de joie, de bonheur, et cependant je détourne la tête; la bouche adorée ne doit pas se reposer sur des lèvres que l'infâme a souillées. L'homme charmant ne rencontre que mes joues; il ne peut que les effleurer, et ce léger contact électrise tout mon être.

Mon père paraît. J'oublie, en le voyant, tous les maux, dont il est la cause première, et je le comble de caresses. Le général se présente; il me salue, il se félicite de pouvoir être utile à la fille d'un ancien ami; il ajoute, aux premiers complimens, de ces choses flatteuses qu'on ne manque jamais d'adresser à une femme un peu jolie. Nous entrons, nous montons ; le bien-aimé m'a présenté la main ; je ne vois, je n'entends plus que lui.

M. de Méran a pensé sans doute que deux êtres éperduement amoureux, et qui se retrouvent après une longue et cruelle séparation, ont le plus pressant besoin d'épancher des cœurs trop long-temps comprimés. Il a emmené le général sous le prétexte de lui parler d'affaires importantes. Il n'est plus le temps où on épiait toutes nos démarches, où on s'efforçait d'intercepter jusqu'à nos pensées ! la fortune nous a comblés l'un et l'autre de ses dons, et tous les obstacles semblent disparaître. Il en est un qu'aucune puissance humaine ne peut lever.

Nous étions seuls. J'étais plongée dans une sorte d'extase, d'abnégation de moi-même. J'étais tout Jules, je m'étais identifiée avec lui, je ne pouvais être que lui. Il tombe à mes genoux ; il me porte tous les hommages d'un cœur brûlant, et pénétré de reconnaissance. Il me rappelle que nous sommes libres tous deux; que je me suis dévouée pour lui conserver la vie, et que son devoir, sa suprême félicité seront de me consacrer la sienne. Il prévient ma réponse. L'amour, dit-il, doit s'enorgueillir de ses sacrifices, quelqu'humilians qu'ils paraissent, et c'est à lui seul qu'il appartient d'effacer les souillures du crime. Il invoque les lois divines et humaines; il invoque l'ivresse même où je suis plongée en ce moment ; il me supplie de me rendre et de lui promettre ma main.

Les larmes inondent mon visage, les sanglots me suffoquent. « Malheureux ! « tu ne sais pas tout. — Que puis-je « craindre maintenant ? — Je n'ose te « le dire, et je ne peux me taire. — « Parlez, au nom de Dieu, parlez. — « Hé bien, je porte un gage de l'infamie « dont j'ai été couverte. — Ciel ! juste « ciel ! qu'ai-je entendu ! — Je serai « mère ; j'aimerai cet enfant, qui n'est « pas coupable des atrocités de son père, « et tu ne pourras l'envisager sans hor- « reur. — Je ne verrai en lui que l'en- « fant de mon Adèle. — Il t'enlèvera la « fortune de M. d'Apremont. — Je n'y « ai aucun droit, et je suis riche pour « deux. — Mais quand ton amour sera « calmé par la jouissance... — La jouis- « sance, dis-tu ! tu ne la connais pas. « Pourquoi juges-tu de ses effets ? —

« Quand ta raison s'élevera contre toi...
— C'est d'après elle que je te juge, et
« que je te proclame la première des
« femmes. — Que dira le monde ? — Que
« m'importe son opinion ? — Un honnête
« homme ne peut vivre sans estime.
— Mes semblables m'approuveront. »

Je ne savais plus que lui dire. Ses réponses ne me persuadaient pas ; mais elles me prouvaient l'excès de son amour. Je me suis penchée vers lui, attendrie, hors de moi. J'ai pris ses mains dans mes mains ; j'ai porté ma bouche sur sa bouche. Des torrens de feu et de volupté circulaient dans mes veines ; j'oubliais mes maux, ma honte, l'avenir. J'étais incapable de rien apprécier que l'amour qui me dominait sans partage.

Il s'est dégagé le premier ; il a repoussé mes bras, qui le pressaient sur mon sein. « Tu me résistes, m'a-t-il dit,
« et tu vois que tu ne peux vivre sans
« moi. Abandonne-toi sans réserve à

« l'homme qui t'adore, et dont tu auras
« le dernier soupir. Sois ma femme, et
« je serai fier d'être ton époux. Que le
« monde applaudisse à une union qui
« servira de modèle à tous les amans.
« Tu ne peux opposer à ton cœur et au
« mien que de misérables préjugés : prê-
« ter l'oreille à leur voix insidieuse, c'est
« empoisonner ta vie, la mienne et celle
« de tes parens. Rends-toi, Adèle,
« rends-toi. » Il était prosterné à mes
pieds ; il s'est relevé ; il s'est rapproché
de moi ; il a essayé encore la puissance
de ces baisers de feu dont il sait que je
ne peux me défendre. Il a voulu me
faire souhaiter un autre avenir, en ajou-
tant aux désirs dont il me voyait dé-
vorée. Je me suis dégagée à mon tour.
J'entendais, moi, qu'il tînt tout de ma
volonté, et rien du délire dans lequel il
m'avait plongée.

« Non, je ne peux vivre sans toi ;
« mais jamais je ne consentirai à ton

« déshonneur. J'ai fait beaucoup pour
« l'amour, et je suis prête à faire davan-
« tage. Je ne peux être ta femme, et je
« consens avec joie à descendre au rang
« de ta maîtresse. J'ai renoncé, pour te
« sauver, à mon honneur privé ; je
« t'offre à présent le sacrifice de ma ré-
« putation publique : le veux-tu ? parle,
« et je tombe dans tes bras. »

Il s'est éloigné, saisi d'un sentiment de terreur ; il s'est écrié que jamais il n'avilira ce qu'il adore. J'étais décidée à vaincre, à mettre un terme à ses privations et aux miennes, à me l'attacher plus étroitement par l'attrait du plaisir. J'ai été à lui ; je l'ai ramené sur cette ottomane, qu'il ne regardait qu'avec effroi. Je l'ai couvert des plus vives caresses ; j'ai porté au dernier terme le désordre de ses sens ; je l'ai provoqué, pressé par tous les moyens qui pouvaient m'assurer la victoire...... Nous avons acquitté enfin toutes les dettes de l'amour.

Moment ravissant, céleste, divin, dont je n'avais pas même d'idée; bonheur inexprimable, qui semble nous élever au-dessus de nous mêmes, vous êtes gravés en traits ineffaçables dans ma mémoire et dans mon cœur. Non, je ne vous ai pas trop achetés par les plus horribles souffrances; s'il le fallait, je payerais du même prix un jour, une heure, une minute de cette inconcevable félicité. Je m'arrête, Claire; je ne peux te peindre ce que j'éprouve; je ne trouve pas de mots; je m'arrête malgré moi.

« Je triomphe, lui ai-je dit enfin. Je
« suis à toi, et tu es encore M. de Cour-
« celles, le digne héritier d'un grand
« nom. Que gagnerais-tu maintenant à
« être mon époux? Quel bonheur nou-
« veau aurais-je à t'offrir? Nourrissons,
« perpétuons, éternisons celui dont nous
« venons de jouir, et nous n'aurons
« plus de vœux à former. »

Il fondait en larmes auprès de moi ; il paraissait bourrelé de remords. J'ai recueilli ces larmes précieuses ; mes baisers en ont tari la source, et ont rouvert son cœur à la volupté.... Je me tais, Claire : il est des choses dont on parle avec délices dans le premier élan du cœur, et sur lesquelles la décence se plaît ensuite à jeter un voile épais.

Il est là ; je te l'ai dit. Il m'interrompt, il m'embrasse... il revient à notre mariage, il me supplie... il m'embrasse encore... Je te quitte, Claire... je... je reviens à toi, je reprends mon récit.

Mon père et le général sont rentrés. Le comte de Pulki m'a fixée, et s'est écrié : Elle est charmante. Ah ! je devais l'être ; je n'ai pas vingt ans, et j'étais au comble du bonheur.

On a parlé long-temps de mes malheurs, de ceux qui ont pesé sur tout ce qui m'est cher. Déjà ces souvenirs étaient loin de moi. Concentrée dans les plus délicieuses pensées, j'ai pris une faible part à la conversation. On s'est étendu ensuite sur les affaires publiques; on a conjecturé, établi des probabilités, et j'ai cessé d'écouter. J'étais assise en face du bien-aimé. Je ne voyais que lui, je ne pouvais entendre que lui, et, quoiqu'il ne parlât point, je lisais dans son âme comme dans la mienne : elle avait passé toute entière dans ses yeux.

On a dîné. Mon père s'est emparé de la conversation, et l'a portée sur moi et sur l'homme adoré. Il s'est complu à raconter à M. de Pulki l'histoire de nos premières amours, des revers qui nous ont séparés; il a laissé échapper quelques mots sur l'espoir d'un plus heureux avenir, sur la possibilité d'oublier enfin tant d'infortunes, lorsque le délai, que me prescrivent les bienséances et les lois, sera expiré. Jules a relevé avec vivacité des expressions favorables à ses vues. Je l'ai regardé d'un air mécontent et sévère;

il a continué. Il veut me forcer à être sa femme. Je le répète : je ne le serai jamais.

J'ai cru devoir détruire sans retour des projets qu'il m'aurait fallu combattre plus tard, et qui ne pouvaient que me tourmenter. J'ai pris la parole, et j'ai protesté de la sincérité de mon amour, de mon éternelle fidélité ; mais j'ai déclaré du ton le plus ferme que jamais je n'épouserai M. de Courcelles. Mon père a paru stupéfait, et l'étonnement lui a ôté, pendant quelques minutes, l'usage de la voix. Il a semblé craindre que ma raison fût aliénée. En effet, comment concilier un refus aussi positif avec les transports dont il a été autrefois témoin, avec le double aveu que je venais de prononcer? Il m'a interrogée avec beaucoup de douceur, avec le ton de la plus touchante anxiété. Le moment était décisif, et je voulais donner à mes désastres une publicité telle que le bien-aimé

n'osât braver l'improbation générale.
En présence de M. de Pulki, de ses aides-de-camp, et des domestiques, j'ai raconté comment j'ai été obsédée par le monstre, quelles puissantes raisons m'ont déterminée à tomber sous ses coups; j'ai ajouté que je porte dans mon sein un gage de ses atroces amours.

L'indignation et la pitié se sont peintes dans tous les yeux. La colère dominait sur la figure de mon père. Ses muscles étaient en contraction; ses lèvres étaient agitées de mouvemens convulsifs; il articulait avec peine le nom de des Audrets. Un morne silence a régné dans l'assemblée, et la tristesse générale a hâté la fin du repas. On s'est levé; j'ai regardé Jules; il me suivait; M. de Méran s'est mis entre lui et moi. Il m'a conduite à la chambre qui m'est destinée, et là, il m'a accablée de reproches sanglans. Il prétend que j'ai dévoilé sans nécessité des horreurs que doit étouffer la sagesse des familles; que j'ai déshonoré son nom; que de tels aveux seraient tout au plus excusables dans la bouche d'une femme du peuple, qui chercherait à inspirer de l'intérêt. Son ton était exaspéré, ses gestes contraints indiquaient la violence qu'il se faisait; il oubliait qu'il parlait à une femme, qui s'est sacrifiée une fois pour lui, et qui ne lui doit maintenant que de la tendresse et du respect. Je ne suis point sortie des bornes qu'établit la qualité ineffaçable de fille; mais j'ai répondu avec la fermeté décente qui convient à une femme libre. J'ai répété ce que je t'ai déjà dit, ce que j'ai dit à Jules lui-même sur l'impossibilité d'un tel mariage. Mon père, étourdi d'un ton que je n'avais pas pris encore avec lui, s'est modéré aussitôt. Il a passé de la colère aux plaintes et aux tendres reproches; il m'a parlé du retour prochain de nos Rois, et de la loi que je lui impose d'ensevelir au fond d'une terre les titres les plus distingués à la faveur. Il a cru me gagner en me peignant avec chaleur l'amour, les privations et la douleur de Jules.

J'ai répondu, avec l'accent de la modération, que c'est à l'amour seul qu'il appartient de défendre sa cause, parce que personne n'est éloquent comme lui; que Jules m'a attaquée avec une force d'idées et de moyens, qui n'entrent pas dans un cœur indifférent; que je lui ai résisté; que je résisterai à l'univers, à moi-même, et que jamais je ne l'épouserai.

Mon père m'a opposé alors un raisonnement qui m'a embarrassée. « M. de
« Courcelles vous aime assez, m'a-t-il
« dit, pour vous épouser indépendam-
« ment de tant d'événemens déplora-
« bles, qui bientôt deviendront publics.
« Sa main est la seule ressource qui vous
« reste. On a vu des époux irréprocha-
« bles rétablir la réputation équivoque

« de celles qu'ils ont épousées; vous
« vous croyez déshonorée : pourquoi
« refuser l'avantage inappréciable, qui
« vous est offert, pour traîner un nom
« avili? Expliquez-vous franchement :
« qui voulez-vous charger de votre
« opprobre, d'un père, ou de votre
« amant? »

Il était difficile de répondre à cette question d'une manière satisfaisante ; il ne l'était pas de prouver que l'égoïsme l'avait dictée : je me suis décidée à l'éluder. « Jules ne peut se déclarer le père
« de l'enfant d'un scélérat, et je ne sau-
« rais soutenir l'idée d'exposer cet en-
« fant au mépris et à la haine d'un
« étranger, ou de n'oser lui donner
« mes soins sans rougir pour mon
« époux. »

Mon père est sorti, et il m'a sans doute envoyé Jules. L'homme adorable est venu renouveler ses instances, ses prières, ses supplications. Il a parlé avec une éloquence entraînante, et pour me défendre de son ascendant, il fallait que je l'aimasse jusqu'à l'idolâtrie.

« Mon ami, parle-moi de ton amour,
« de ton bonheur, du mien, de la scène
« délicieuse qui s'est passée ce matin.
« Je t'appartiens. Sois heureux autant
« que tu voudras l'être, et sois sûr
« que je partagerai ta félicité.

« J'ai trahi la confiance de M. de
« Méran, s'est-il écrié. J'ai réellement
« déshonoré sa fille, puisqu'elle a par-
« tagé mes transports. Je suis coupable,
« je le sens, j'en fais l'aveu, mais jamais
« je ne serai un homme vil. Non, je
« n'ajouterai point à mes remords. Je
« jure par l'amour et l'honneur de vous
« respecter jusqu'à ce que le mariage
« ait légitimé la plus violente passion.
« Le mariage seul peut effacer le délire
« auquel je me suis abandonné, et me
« rétablir dans ma propre estime. En
« refusant ma main, vous me condam-

« nez, au mépris de moi-même, à traî-
« ner partout une conscience bourrelée.
« — Sois toujours mon amant; le titre
« de ta maîtresse me suffit; jamais je ne
« serai ton épouse. »

Ils ont mis Jeannette dans leurs intérêts. Pour la première fois, elle ne pense
pas comme ton Adèle. Elle parle, elle
parle; bien ou mal, elle ne cesse de parler; je n'écouterai personne.

Le bien-aimé m'évite; il sent donc sa
faiblesse. Laissons-lui l'inutile orgueil de
vouloir se vaincre. L'orgueil n'est qu'une
sensation : que peut-il contre l'amour et
la nature ?

Accablée sous les premiers myrtes
que j'ai cueillis, satisfaite de sauver mon
amant du blâme et même du ridicule,
j'ai dormi d'un sommeil profond. Je me
suis éveillée, calme, heureuse, et, je
crois, embellie. Qu'il y a long-temps
que je n'ai joui d'une nuit semblable !

Je suis descendue. M. de Palki m'a

témoigné les plus grands égards; ses aides-de-camp m'ont comblée de marques de respect. Non, ces braves gens ne me croient pas avilie. Peut-être ne le suis-je pas, Claire... Mais cet enfant.... cet enfant !...

On m'invite à passer dans la salle à manger; on se met à table; on déjeûne. Un officier supérieur se présente; il parle assez long-temps à l'oreille du général. « Est-il possible, s'écrie le com-
« te; êtes-vous bien sûr de ce que vous
« me dites là ? — Général, j'ai la cor-
« respondance dans ma poche.—Voyons
« cela, monsieur, voyons cela. » L'officier tire un paquet; le général parcourt les différentes pièces. « Oh! le malheu-
« reux ! s'est-il écrié encore. Le mal-
« heureux ! A quel point il m'a trompé !
« A qui désormais accorderai je ma
« confiance !... M. de Méran, M. de
« Courcelles, soyez bien convaincus
« que vous êtes étrangers à la réflexion

« qui vient de m'échapper. Mais ce mi-
« sérable !...

« Il arrive, je ne sais comment à
« mon état-major ; il me fait l'histoire
« des dangers prétendus, à travers les-
« quels il est parvenu jusqu'à moi. Il
« me présente des brevets en bonne
« forme, qui me prouvent qu'il est co-
« lonel au service de France. Il se plaint
« amèrement de la tyrannie qui pèse sur
« son pays, d'un passe-droit qu'il a
« essuyé. Il parle facilement et son lan-
« gage a l'accent de la vérité. Je le pré-
« sente à mon souverain comme un
« officier remarquable et mécontent. Il
» obtient un régiment, et il se distin-
« gue dans plusieurs occasions. Je me
« félicitais de lui avoir été utile ; j'allais
« appeler sur lui de nouvelles faveurs,
« et j'apprends, j'ai la preuve écrite
« que cet homme est un traître, un vil
« espion. Qu'on me l'amène, et que je
« l'accable de reproches avant de le li-

« vrer à un conseil de guerre. Avez-
« vous entendu, messieurs, parler en
« France du colonel Dénisson? — Non,
« général. — L'ingratitude et la perfidie
« sont les vices les plus bas, et en même
« temps les plus dangereux. Je ferai un
« exemple terrible... Oh! qu'il est cruel
« d'être ainsi trompé! »

J'ai cherché à adoucir le général. Je lui ai représenté que ce malheureux colonel a peut-être été forcé par des circonstances, inconnues encore, à jouer le rôle vil qui va lui coûter la vie; que les lois de la guerre sont déjà tellement dures, qu'il serait cruel d'y rien ajouter. Je sentais, Claire, que je suis Française, et je défendais un compatriote de tous mes moyens. Mon père et Jules se sont joints à moi : le général a été inexorable. « Un espion ordinaire, a-t-il dit,
« sait qu'il joue sa tête contre une
« somme déterminée. Il perd, ou il
« gagne ; il est préparé à tout. C'est une

« couleuvre qui se cache, qui rampe,
« qui se glisse, et qu'on écrase quand
« on la découvre. Mais quelle qualifica-
« tion donner à un homme qui s'an-
« nonce avec faste, qui paraît avoir les
« sentimens les plus généreux, qui sur-
« prend ma confiance, qui acquiert l'es-
« time de l'armée pour la perdre plus
« sûrement, et qui joint à l'adresse de
« mener une trâme inouïe, la lâcheté
« insigne de m'insulter dans sa corres-
« pondance ? Prenez, madame ; lisez,
« messieurs, et prononcez. »

Une des pièces contient les railleries
les plus piquantes, les plus amères sur
le compte du général. Il y est dépeint
comme un homme crédule, sans dis-
cernement, sans pénétration, et qu'il
n'y a pas de mérite à tromper. Je sens
que l'amour-propre de M. de Pulki est
trop vivement, trop justement blessé
pour qu'il puisse pardonner, et je ne
me permets pas d'insister davantage.

Les mouvemens des différens corps russes sont indiqués dans un autre écrit. On établit des conjectures très-vraisemblables sur leurs projets ; on ouvre différens avis sur les moyens de forcer les alliés à s'éloigner de Paris, et partout on trouve une grande connaissance de la guerre, et une plume exercée : c'est ainsi du moins qu'ont prononcé le général et M. de Méran.

Quand une idée occupe presqu'exclusivement, on a la faiblesse d'y tout rapporter, et te l'avouerai-je, Claire, en compulsant ces papiers, en les examinant, il me semble que l'écriture ne m'est pas étrangère.... Je rejette une idée dépourvue de toute espèce de vraisemblance. L'officier, qui a reçu l'ordre d'amener le colonel Dénisson, rentre et annonce que cet homme a refusé d'obéir ; qu'il s'est défendu opiniâtrement ; qu'il a fallu le réduire par le nombre et la force, le terrasser, le garotter, et qu'enfin il va paraître. Il ajoute que le paysan, sur qui les dépêches ont été saisies, est dans l'anti-chambre.

La curiosité est de tous les âges et de tous les temps. Mon père, le bien-aimé et moi nous nous levons et nous passons à l'anti-chambre. Nous regardons attentivement ce misérable ; la compassion se peint sans doute dans nos traits, et il frissonne en nous voyant ; ce mouvement me rend plus attentive encore. Mon père et Jules paraissent frappés, comme moi, de la terreur que notre aspect imprime dans l'âme de ce malheureux. Nous nous écrions ensemble qu'il ne nous est pas inconnu ; nous allons l'interroger.... La porte d'entrée s'ouvre.... Au milieu d'une garde nombreuse.... Mes yeux me trompent-ils !... Non, non. Oh! mon Dieu, vous êtes juste, et partout vous atteignez le criminel.

Je pousse un cri d'effroi et d'horreur ;

Jules et mon père s'élancent sur le monstre ; les soldats qui le gardent, peuvent à peine les écarter. Des Audrets, des Audrets, des Audrets, voilà le nom qui éclate, qui est répété autour de nous. La soif de la vengeance se réveille en moi ; j'excite, je pousse Jules ; je lui demande du sang ; je le retiens ; je le supplie. Le mal est sans remède ; je désarme son bras.

« Arrêtez, arrêtez, s'écrie de son
« côté le général. Ne souillez pas vos
« mains ; c'est au bourreau à châtier
« l'infâme : il expiera tous ses crimes à
« la fois. Un homme est venu des bords
« de la Néva pour vous rendre la jus-
« tice que vous ont refusée vos com-
« patriotes. »

Croiras-tu qu'au moment où la mort planait sur sa tête, ce misérable a conservé son sang-froid et son audace. Il me regardait avec dédain, pendant que je lui reprochais ses attentats, que je l'accusais, en sanglotant, de m'avoir réduite à n'oser jamais prendre le nom de mon amant.

« Je prévois le sort qui m'est réservé,
« a-t-il dit fièrement au général Pulki.
« Finissez et délivrez-moi des impréca-
« tions de cette femme. Ce qui me con-
« sole, ce qui me soutient, c'est que
« ma vengeance me survivra. Il n'est
« pas de puissance qui parvienne à em-
« pêcher mon enfant d'hériter de l'im-
« mense fortune de d'Apremont, et toi,
« Courcelles, tu ne peux, avec tes pré-
« jugés, épouser, sans t'avilir, une
« femme que j'ai eue, que le dégoût m'a
« fait quitter, et que je te laisse en-
« ceinte de ce que vous appelez les œu-
« vres du crime. Je vais mourir ; mais
« souvenez-vous que vous êtes morts
« mille fois de vos alarmes et de vos
« douleurs, et qu'il vous est impossible

« de me rendre le mal que je vous ai
« fait. »

Jules et mon père frémissaient de rage et pouvaient à peine se contenir. Une scène aussi violente était au-dessus de mes forces. Je suis retournée à la salle à manger, et je me suis laissée aller dans un fauteuil. Je ne sais ce qui s'est dit, ce qui s'est fait pendant quelques minutes. Le bien-aimé et mon père sont rentrés; je me suis sentie pressée dans leurs bras et j'ai respiré librement.

Pendant deux grandes heures, nous avons été seuls dans la maison. Quand M. de Pulki a paru, les impressions qui m'avaient déchirée, commençaient à se calmer; j'étais capable d'écouter et de comprendre.

Le prétendu paysan, porteur des dépêches, est le domestique du monstre, et l'espoir d'obtenir sa grâce, lui a fait tout révéler. Le scélérat avait reçu à

Paris, pour sa correspondance, un alphabet en chiffres, qu'il a perdu, avec une partie de ses équipages, dans les plaines de la Champagne, et pour s'exposer moins, il s'est servi de la main de son valet. C'est cet homme, qui, sous la dictée de son maître, a écrit la lettre que j'ai reçue à Velzac, et qui me laissait le choix de l'infamie ou de la mort de ce que j'avais de plus cher. C'est lui qui a fabriqué la correspondance supposée ; qui a été, la nuit, l'enterrer dans le jardin de mon père, et qui a conduit les sbires qui ont arrêté les deux infortunés. Il a fait d'autres révélations encore, qui nous sont étrangères, mais qui prouvent une habitude et un besoin insatiable de crimes. Le conseil de guerre est assemblé. Il va procéder sur tous ces chefs d'accusation et le général requiert notre témoignage. « Vengeance, vengeance, s'écrient Jules et mon père en se levant. » Je ne peux me décider à

les suivre, à me trouver une seconde fois en présence de l'infâme, à entrer dans les détails de mes malheurs et de ma honte. « Songez, dit le général, que
« dans trois jours, peut-être, nous se-
« rons dans Paris et qu'un gouverne-
« ment paternel fera droit à vos récla-
« mations. Vous devez à M. d'Apremont
« de faire réhabiliter sa mémoire, et il
« est possible d'ôter sa succession à un
« enfant qui n'y a aucun droit. Pour ar-
« river à ce but, il faut des pièces ré-
« gulières et probantes. Elles ne peu-
« vent l'être qu'autant que votre témoi-
« gnage confirmera les aveux que le cri-
« minel a commencés dans cette cham-
« bre, et qu'avec un peu d'adresse on
« lui fera développer devant le conseil
« de guerre.

« — Général, le supplice qu'a subi
« mon époux n'a rien d'infamant, et le
« vœu qu'il a prononcé en plein tribu-
« nal, pour le retour de nos rois légiti-

« mes, honore sa mémoire. Ainsi je
« n'ai pas de réhabilitation à poursuivre.
« Le gouvernement actuel me repous-
« serait, et celui que nous espérons,
« que nous attendons, consacrera les
« noms de ses serviteurs fidèles.

« M. d'Apremont n'avait plus de pa-
« rens : qu'importe donc à qui appar-
« tiendra la portion de ses biens qu'il ne
« m'a pas donnée en m'épousant? Ce
« qui serait affligeant, cruel pour moi,
« serait d'ajouter une cause aux causes
« malheureusement célèbres; de porter
« devant les tribunaux une affaire scan-
« daleuse, de faire imprimer, pour
« éclairer mes juges, des mémoires que
« le public lirait avec avidité, qui me
« rendraient l'objet des conversations
« générales, et peut-être du mépris uni-
« versel. De très-fortes raisons, un mou-
« vement d'enthousiasme m'ont portée
« à me découvrir devant vous, M. le
« comte, et devant votre état-major.

« C'en est assez : je ne rougirai pas ail-
« leurs, et je veux, dès ce moment,
« m'envelopper du voile épais qui doit
« couvrir le reste de ma vie.

« D'ailleurs quelle serait l'issue d'un
« semblable procès ? J'ai la conviction
« intime que l'infortuné d'Apremont
« n'est pas le père de mon enfant; mais
« comment le persuader aux juges,
« lorsqu'il est connu que j'ai toujours
« habité avec mon mari et que je lui ai
« donné mes soins jusqu'à sa dernière
« heure ? Je vous rends grace, général,
« de l'intérêt que vous me portez : c'est
« lui qui vous fait croire à des résultats
« impossibles à obtenir. Permettez que
« je ne suive pas vos conseils; mais ven-
« gez-moi, vous en avez le pouvoir, et
« je vous supplie de le faire. »

M. de Pulki n'a pas insisté. Mon père
et le bien-aimé sont sortis avec lui, et
je suis restée à mes réflexions. Il en est
une, Claire, dont la justesse te frappera.

Personne, je viens de le dire, ne peut établir de prétentions fondées aux biens de M. d'Apremont. Cet enfant tient la vie d'un homme abhorré ; mais ne suis-je pas sa mère ? Le condamnerais-je à l'indigence, en le faisant déclarer illégitime, si cela était en mon pouvoir ? m'accuserait-il un jour d'être aussi barbare que son infâme père ? — Non, qu'il jouisse d'une fortune que la loi lui assure et qu'on ne lui enviera point.

Mais si un sentiment anticipé, une affection pressentie plutôt que réelle, me parlent en faveur de l'innocente créature, je suis impatiente de voir punir son détestable auteur. Il mourra, chargé de ma haine, de mes imprécations. Un mouvement de pitié m'a égarée, lorsque dans cette même chambre, Jules allait le frapper.... Non, ce n'est pas la pitié qui lui a arraché le glaive de la main ; c'est la crainte que l'infâme meure sans éprouver une partie des tourmens dont il m'a accablée. Qu'il souffre, qu'il souffre long-temps. Je suivrai d'un œil avide l'instrument de son suplice ; je jouirai de ses douleurs, de ses cris ; je voudrais pouvoir me baigner dans son sang.

Ah ! Claire, Claire, en me parlant ainsi, j'étais devant une glace ; j'y ai involontairement porté la vue.... Mes yeux étincelans semblaient vouloir sortir de leur orbite ; mes joues étaient pourprées, mes lèvres décolorées et tremblantes ; mon sein, tous mes membres étaient agités de mouvemens convulsifs.... Je me suis fait horreur. Haïr, est un supplice : comment une femme si jeune, si aimante a-t-elle pu donner accès dans son cœur à une passion infernale ?.... Que dis-je ? Mes fureurs sont légitimes. Le monstre m'a forcée à recevoir ses affreuses caresses ; il a tué mon époux ; il a menacé la vie de mon père et de Jules ; il m'a réduite à n'oser avouer désormais un sentiment enchanteur, à n'être que la maîtresse de l'homme dont je m'honorerais d'être l'épouse, à ne jamais me relever de l'état abject où je suis descendue, à ne rien attendre de l'avenir.... Non, rien, rien. Ah! qu'il meure, qu'il expire dans des tourmens affreux.

Mon père et mon amant rentrent et m'abordent avec une joie féroce. Le monstre et son valet sont condamnés à mourir du supplice du knout (1). Jules, si sensible, si humain, parcourt la chambre à grands pas ; elle retentit de

---

(1) On attache les mains du criminel derrière le dos. On l'enlève par le moyen d'une poulie fixée à une potence, ce qui lui disloque les bras à l'omoplate.

Le bourreau est armé d'une espèce de fouet, formé d'une longue courroie de cuir très-dur, et de deux lignes d'épaisseur. Chaque coup de fouet enlève une bande de peau, du cou au bas des reins.

ses vociférations. Mon père répond à ses cris; je mêle ma voix à la leur. Nous ne nous entendons pas, et comment nous entendre ? Des exclamations, des mots sans suite s'échappent avec l'accent de la rage. Une charrette, chargée de bois de charpente, s'arrête sur la place; Jules s'écrie : voilà l'échafaud, et il ouvre les croisées. Nous nous pressons sur un balcon; nous suivons le moindre mouvement des ouvriers; chaque coup de marteau nous fait éprouver une jouissance.

Le peuple s'assemble; on s'arrête devant nous; on nous fixe et nous ne voyons que l'échafaud. Jeannette accourt; elle nous fait remarquer que la surprise et le mécontentement se peignent sur toutes les physionomies; que des murmures commencent à s'élever. Je regarde mon père et Jules; ils m'effrayent, comme une heure auparavant, je m'étais effrayée moi-même. Je leur prends la main ; je les entraîne ; je les conduis devant cette glace, qui rend si fidèlement les mouvemens honteux de l'âme. La confusion nous fait baisser les yeux à tous trois. Nous sortons de cette chambre, sans proférer un mot ; nous allons nous cacher dans un bâtiment qui est au fond de la cour ; nous voudrions pouvoir nous cacher à nous-mêmes.

Un roulement de tambours annonce l'arrivée des coupables. Une réflexion nouvelle me frappe ; un trait doulou- reux pénètre au fond de mon cœur. L'idée du crime s'affaiblit à mesure que le moment fatal approche ; celui sur qui j'ai appelé la mort, dont on va mettre le corps en lambeaux, n'est plus que le père de mon enfant ; chaque goutte du sang qui va couler, est de celui qui vit dans mon sein... Je sors, poursuivie par cette idée ; je gagne une porte de der- rière, qui ouvre sur les champs ; je mar- che au hasard, égarée, éperdue. Jules et mon père m'ont suivie ; ils me soutiennent sous les bras, ils me conduisent à un petit village; nous entrons dans une méchante auberge.

Jeannette vient nous y joindre; il était temps : l'hôte ne savait quelle opinion il devait se faire de nous. Le désordre de notre maintien et de nos expressions ajoutait à chaque instant à son incertitude. Quelques mots de Jeannette ont mis cet homme à son aise, et son auberge à notre disposition. Nous nous sommes enfermés dans une chambre, et chacun de nous sentait isolément que la vengeance est le plaisir des tigres.

Firmin et Jérôme sont venus nous avertir que tout était fini, qu'il ne restait plus de traces de ce qui venait de se passer, et que nous pouvions retourner au quartier-général. Ils ont voulu assister à l'épouvantable exécution, et elle a fait sur eux l'impression la plus profonde. Ils étaient pâles, défigurés ; ils se soutenaient à peine. Ils allaient entrer dans des détails : je n'ai rien voulu entendre.

Nous avons rencontré le général, qui venait au-devant de nous. Il a eu la discrétion de ne pas nous parler de ce misérable. Son air ouvert, une conversation variée et attachante a dissipé peu à peu les idées sombres qui nous affectaient.

Ce corps d'armée vient de recevoir l'ordre de se porter sur Claye ; il paraît que le sort de Paris et de la France va être très-incessamment décidé. Quel qu'il soit, nous n'avons plus rien à craindre : nous avons la preuve écrite que les papiers dont on s'est servi contre Jules et mon père, ont été fabriqués par leur persécuteur.

Puissions-nous rentrer enfin dans nos foyers, et y trouver la paix qui nous fuit depuis si long-temps !

CHAPITRE VII.

Conclusion.

JE n'avais pas encore d'idée de la guerre ; je ne me figurais pas ce qu'est une armée. Un pays dévasté, des maisons incendiées sans motif, des habitans ruinés pour des intérêts qui ne sont pas les leurs; des époux, des pères désespérés du déshonneur de leurs femmes et de leurs filles; des mères éplorées tombant aux genoux du soldat qui leur a arraché leur dernier morceau de pain; des figures hâves, des spectres, parcourant les rues, et sollicitant humblement la pitié du vainqueur ; la rapacité cherchant dans les recoins les plus cachés, enlevant une dernière poignée de farine, de froment, de légumes; des chariots, entrant dans la ville, chargés des dernières dépouilles de nos campagnes; des boulangers contraints de préparer des alimens dont il leur est défendu de prendre la moindre parcelle; des troupes insensibles à ce spectacle, et qui oublient qu'elles ont une patrie et des parens, voilà ce que j'ai vu, ce qui a navré mon cœur.

J'ai pris le bras de Jules; j'ai parcouru les rues de Meaux; j'entrais partout où je voyais couler des larmes; j'offrais de l'or; on me bénissait, et on refusait mes dons. C'est du pain qu'il fallait, et je n'en avais point à donner.

Plus loin, un immense appareil de guerre se déploie. Ici des faisceaux d'armes; là, cent pièces d'artillerie, des caissons, des instrumens à faire rougir des boulets; ailleurs des bataillons se forment, s'exercent à l'art affreux de la destruction; des chefs impitoyables punissent une négligence comme un crime.

L'Europe est couverte de sang; n'importe, il n'en a pas coulé assez encore. Il faut détruire, toujours détruire; l'enfer semble s'être emparé de la terre, et en avoir banni sans retour les vertus simples et touchantes. Tremblez, monarques, qui, pour satisfaire votre détestable ambition, accumulez tous les maux sur la triste humanité. Vos contemporains se taisent, mais ils vous jugent, et la postérité, armée de l'inexorable histoire, confirmera leur jugement.

Je rentre; honteuse d'appartenir à l'espèce humaine. Je descends dans mon cœur, et j'y cherche l'amour pour l'opposer aux sentimens douloureux qui m'agitent. Jules est là, et bientôt je ne vois plus que lui. Je prends sa main, il la retire; il recule, je le suis. Je l'invoque, et il sort. Un instant après je reçois ce billet : « Je ne dois, je ne veux tenir « mon bonheur que de madame de Cour- « celles. » Je réponds : « Les privations

« que vous nous imposerez n'empêche-
« ront pas que j'aye été un instant votre
« maîtresse : jamais je ne serai votre
« épouse. »

Il est maître de lui! Voilà ce que je ne conçois pas, et ce qui pourtant me paraîtrait possible, si je ne l'avais vu ardent, impétueux, délirant, buvant à longs traits dans la coupe de la volupté. Il a connu le bonheur supême, et il peut y renoncer! Est-ce vertu, est-ce orgueil? c'est vertu, et je me montrerai aussi forte que lui. Je vivrai pour lui, pour lui seul; je l'adorerai comme un être au-dessus de l'humanité; mais je ne le dépouillerai pas de l'auréole de gloire dont je ceins sa tête en ce moment. Il ne rougira pas en présence de ceux qui connaissent mes malheurs; jamais l'enfant d'un monstre ne l'appellera son père.

Que vois-je? Que signifient ces apprêts? Que porte-t-on dans la chambre de mon père?... J'y cours. Il examine le

tranchant d'un sabre; des pistolets sont sur sa table; il a endossé l'uniforme des volontaires russes, et il a soixante ans! Je m'écrie; il me ferme la bouche de sa main. « Nous n'avons pas pris cet habit
« pour nous soustraire aux recherches
« de nos ennemis, mais pour nous pré-
« senter devant eux. Nous devons la vie
« aux Russes, et nous nous montrerons
« dignes de leurs bienfaits. Nous deve-
« nons leurs alliés, et nous combattrons
« ensemble tout ce qui s'opposera au ré-
« tablissement du pouvoir légitime.
« Épargnez-vous, ma fille, des repré-
« sentations inutiles : notre parti est pris
« irrévocablement. — Et ma mère, ma
« mère! Que deviendra-t-elle? Qui la
« consolera de ses chagrins présens et
« de ceux que vous lui préparez, peut-
« être? Occupez-vous d'elle, mon père,
« si je ne vous inspire plus aucune es-
« pèce d'intérêt. Vous voulez combattre!
« que sont deux hommes de plus dans

« une armée, et que nous restera-t-il,
« si nous vous perdons tous deux ? le
« désespoir et la mort. — Ma fille, vous
« cédez à l'impulsion de votre cœur, et
« vous remplissez un devoir en ce mo-
« ment; nous ferons aussi le nôtre. La
« reconnaissance, l'honneur, la patrie
« nous appellent; nous ne serons pas
« sourds à leur voix. — Mais votre âge,
« mon père... — Une âme guerrière est
« toujours maîtresse du corps qu'elle
« anime. — Mais réfléchissez, je vous
« en supplie... — Je vous le répète, ma-
« dame, épargnez-vous des représenta-
« tions inutiles, et laissez-moi. » Son
front était sévère; son ton absolu. Je
connais son inflexibilité; j'ai senti que je
ne gagnerais rien sur lui; mais j'ai cru
pouvoir tout attendre de l'amour.

J'ai passé chez Jules. Il avait aussi pris
l'uniforme. Claire, c'était Adonis sous
l'armure de Mars. Jamais il ne m'avait

paru aussi beau; jamais la crainte de le perdre ne m'avait autant torturée. Les mouvemens impétueux dont j'étais agitée m'ont rendue aussi éloquente que forte en raisonnemens. Le barbare n'avait rien de positif à me répondre; il m'a opposé l'honneur, toujours l'honneur. Ah! c'est avec ce mot qu'on porte des millions d'hommes à s'entre égorger.
« L'honneur, cruel, l'honneur, dis-tu?
« Consiste-t-il à condamner ton amante
« à des larmes éternelles, ou à lui plon-
« ger un poignard dans le sein? Quoi!
« tu veux sacrifier à des chimères le
« bonheur du reste de ta vie, et jus-
« qu'au souvenir des momens délicieux
« que nous avons passés ensemble! Tu
« braves, tu dédaignes cet honneur,
« quand tu sollicites ma main, et tu de-
« viens son esclave, quand il faut t'ar-
« racher de mes bras, et aller t'exposer
« à la mort! Tu ne combattras pas, je

« ne le veux pas, je te le défends :
« voyons si tu comptes encore ton Adèle
« pour quelque chose. »

Un regard douloureux a été sa seule réponse. Une larme a mouillé sa paupière. Je me suis avancée pour la recueillir ; il a pris mes mains ; il les a baisées avec transport ; il m'a baisée au front. J'ai voulu l'enlacer dans mes bras, épuiser cette fureur guerrière au sein de la volupté... Le barbare s'est dégagé ; il m'est échappé encore... il a laissé ses armes ; je les tiens... Hé, qu'en ferai-je ? ces instrumens de mort sont-ils les seuls qu'il puisse se procurer ?

Je descends, je cherche, je trouve le général. Je tombe à ses pieds ; je lui demande, en sanglottant, la vie de mon père, celle de mon amant, la mienne. Il me relève, il me presse sur son cœur, il me répond, il raisonne... Hé, sont-ce des raisonnemens que je lui demande ! Qu'il les arrête, qu'il s'assure d'eux, qu'il les charge de fers, s'il le faut, mais qu'ils restent... Il ne m'écoute plus, il est déjà loin.

Le tambour bat, la trompette sonne. On ne s'entend pas dans cette maison. Je la parcours comme une insensée... Je ne sais plus à qui m'adresser. J'appelle Jeannette, Jérôme, Firmin. Je les conjure, je les supplie de s'opposer aux projets meurtiers de leurs maîtres... Hélas! que peuvent-ils? J'entends du bruit dans la rue; je me précipite à une croisée... les troupes commencent à défiler. Je retourne à la chambre de mon père... il est sorti. Je vole à celle de Jules... il n'y est pas. Malheureuse! pourquoi l'ai-je quitté? Il n'est pas de puissance qui l'eût arraché de mes bras; il se serait rendu peut-être à mes larmes, à mes caresses... Pourquoi l'ai-je quitté! pourquoi l'ai-je quitté!

Je les suivrai, je les suivrai. Je me jetterai, s'il le faut, au milieu des armes.

et des combattans. Je n'ai plus rien à craindre, pas même la mort. Je les trouverai; ils ne souffriront pas qu'une femme leur fasse un rempart de son corps; ils rétrogaderont, s'ils veulent que je me dérobe aux coups. « Jérôme, Jérôme, « mettez les chevaux à ma berline, je « veux partir à l'instant... » Les chevaux, ma voiture, sont enlevés ; on a tout prévu. Je fais courir partout. « Une « charrette, un cheval... qu'on les paye « au poids de l'or. »

Jérôme, dit-il, ne peut rien trouver.... Je sors, je vais moi-même de maison en maison... Il a raison ; les Russes ont tout enlevé... Ils ne m'ont pas ôté mon courage ; je partirai à pied.

Jeannette me supplie de me modérer, de réfléchir. Deux heures, dit-elle, sont déjà écoulées : le corps du général Pulki s'est joint à d'autres troupes. Où trouver maintenant deux hommes perdus dans une multitude qui s'accroît à chaque instant? M'exposerai-je aux affronts répétés d'une soldatesque sans frein? Veux-je ajouter à mon déshonneur, me rendre plus indigne encore de mon amant, ne plus oser lever les yeux sur lui quand je le retrouverai? Si l'amour est une passion invincible, la pudeur est-elle une chimère, et renonce-t-elle volontairement à ses lois, celle qui veut plaire et être aimée encore?

Pour me rendre attentive, pour me retenir, pour me vaincre, elle ne pouvait m'opposer que mon cœur. J'ai consulté les vrais intérêts de l'amour, et j'ai senti la solidité des raisonnemens de Jeannette. Mais en lui cédant, j'étais horriblement tourmentée; je ne pouvais plus me reposer sur de délicieux souvenirs; je ne voyais que l'avenir, et il s'offrait à moi sous l'aspect le plus effrayant.

Ils ont formé et suivi un plan, dans lequel Jeannette est entrée. Quand je me suis rendue, qu'elle m'a vue décidée à rester à Meaux, où j'ignorais ce que je ferais, ce que je deviendrais, elle a cru, dit-elle, pouvoir me rendre au repos et à l'espérance. Du repos ! les cœurs déchirés n'en connaissent plus. Mais ils s'ouvrent avec avidité à la moindre lueur d'espoir ; ils interrogent, ils consultent, disposés à croire ceux qui voudront les abuser : Jeannette m'a remis une lettre du bien-aimé.

Il ne craint, quand il m'écrit, ni mon ascendant ni sa faiblesse; il s'abandonne, sans réserve, à une passion qu'il combat sans cesse quand il est auprès de moi; sa plume est toujours brûlante. Il me peint en traits ineffaçables les efforts cruels qu'il a faits pour me résister, les angoisses qu'il a éprouvées en s'éloignant sans me parler, sans me voir, sans reposer encore ses yeux sur les miens, sans y lire mon amour, mon abandon, mon ivresse. Insensé ! que ne restais-tu ? que ne faisais-tu circuler dans mes veines ce feu divin que tu aurais partagé avec moi ? que n'épuisais-tu ces trésors de volupté, par qui la vie est tout, sans qui elle n'est rien, quand on les a connus ? Mais tu ne pouvais, dis-tu, abandonner mon père, déterminé à combattre et à mériter la bienveillance de son roi ; tu devais contribuer de tes faibles moyens à renverser le despotisme le plus désastreux qui ait pesé sur l'espèce humaine. Ne mépriserais-je pas moi-même un lâche qui ne saurait qu'aimer ? Tu crois que l'Amour est aussi une Providence ; il veillera sur ta vie ; il te ramènera à mes pieds, brillant de quelque gloire. La gloire, ingrat ! ai-je tenu à la mienne, quand ta vie a été menacée ? ne t'ai-je pas sacrifié sans hésiter, honneur, repos, félicité ? J'ai fait plus, peut-être : j'ai surmonté l'inexprimable dégoût que m'inspirait une union monstrueuse. Et qu'as-tu fait pour moi? Tu m'as accordé un moment de délices, que tu me fais payer par les plus vives alarmes qui puissent torturer une femme aimante ; tu m'abandonnes à mon cœur et à mes sens pour courir après des chimères. Que t'importe l'éloge d'une bouche froide? le compareras-tu à un baiser de la mienne? Tu obtiendras des rubans? que sont ces hochets, auprès de la couronne de myrtes et de roses dont ma main a ceint ton front, et qu'elle aurait renouvelée tous les jours, à toutes les heures, à tous les momens? Tu iras briguer à la cour un regard de protection, que tu n'obtiendras pas, peut-être, quand tu peux régner sur nos bons villageois, et voir en moi la première de tes sujettes!

Quelle foule de réflexions a fait naître en moi cette lettre! Non, les hommes, agités sans cesse par des mouvemens impétueux et souvent opposés, ne peuvent point savoir aimer. C'est dans le silence, le recueillement, la méditation, dans une sorte d'abnégation de soi-même qui est propre à notre sexe, que l'amour naît, croît, se développe, devient un sentiment exclusif, et s'identifie entièrement avec nous. Il nous suffit, il comble tous nos vœux ; l'être adoré alors est l'âme de notre vie; nous ne pouvons plus voir et sentir que par lui. Notre gloire est dans notre constance, dans les soins, les prévenances, les caresses, qui assurent à notre amant un bonheur sans lequel il n'en est plus pour nous. L'homme veut une autre espèce de gloire, il l'avoue, il le proclame : l'homme ne sait pas aimer... éloignons, s'il est possible, ces idées affligeantes.

Demain, à la pointe du jour, ajoute l'homme adoré, on attaquera Paris, et le succès n'est pas douteux. Les Russes ont poussé devant eux quelques corps de troupes françaises; ainsi les derrières sont libres. A huit heures du matin, je trouverai, à la sortie de Meaux, une voiture et une escorte de cavalerie, qui me conduiront à Saint-Denis à l'auberge de l'Arbalète, où le bien-aimé viendra, après l'action, se réunir à moi. Demain à huit heures du matin ! Et on aura attaqué au point du jour ! Peut-être, quand je monterai en voiture, aurai-je déjà tout perdu... Le succès n'est point douteux, dit-il ! Ignore-t-il de quels prodiges les Français sont capables? Si les alliés succombent, sa tête et celle de mon père seront doublement proscrites. Si les Français sont accablés par le nombre, que de larmes coûtera encore cette fatale journée !

Qu'ont fait aux Rois les habitans paisibles, qu'on arrache à leurs familles, à leurs travaux, pour les traîner à la guerre? Qu'importe à ces malheureux que telle limite soit portée là, ou reculée ici? Quelques milles carrés de terrain valent-ils le sang dont on les arrose?

Déjà l'Europe est un vaste cimetière, et demain la terre couvrira encore des milliers d'hommes, pleins de vie aujourd'hui, et qui marcheront au-devant de leur destruction et du néant.

C'est dans ces réflexions déchirantes que s'est passée cette interminable nuit. Jeannette a tout fait pour me rassurer, pour me consoler. Jeannette a auprès d'elle son mari et son enfant : il est facile d'écouter la raison, de calculer des probabilités, quand on n'a rien à craindre pour soi, ni pour les siens. Mais ton amie, Claire, ta déplorable amie est maintenant seule au monde, et elle ne prévoit que des malheurs. Elle voudrait échapper à elle même, et son cœur la suit partout.

Le soleil se lève. Il va éclairer de nouveaux crimes, décorés du titre pompeux d'exploits.... Mon Dieu, veille sur mon amant et mon père, conserve-les moi, ramène-les moi.

Jérôme est allé attendre, hors la ville, la voiture et l'escorte que m'annonce le bien-aimé. Je vais partir, et j'ignore si des circonstances imprévues ne me jetteront pas hors de ma route, ne m'éloigneront pas pour long-temps des êtres précieux que je chercherai : il ne faut pour cela que rencontrer un piquet de troupes françaises.... Quelle vie que la mienne !.... Qu'elle soit heureuse enfin, ou qu'elle finisse.

Jérôme rentre; il me dit qu'on m'attend. Il prend mes paquets; nous sortons. Je traverse la ville, appuyée sur le bras de Jeannette. Les habitans, que je rencontre, paraissent me plaindre... Ah! la mort doit être sur ma figure, comme elle est dans mon cœur.

Je vois une assez bonne voiture, qu'entourent une vingtaine d'hommes à cheval. Un jeune officier vient au-devant de moi. Il m'apprend qu'il est chargé par le général Pulki de veiller rigoureusement à ma sûreté, et il ajoute qu'il s'honore d'avoir cette mission à remplir. Ce jeune homme parle très-bien français, et je m'en félicite : je peux l'interroger et fixer au moins mes idées. Il tient à un corps de cavalerie, qui ne doit pas prendre part à l'action : il paraît qu'on a mis en observation une certaine partie des forces des alliés. Il ne croit pas que l'affaire soit longue, ni meurtrière, parce que les Français ont en tête des forces trop supérieures pour qu'ils puissent espérer de se défendre avec succès... Que le ciel l'entende et m'exauce.

Il a fallu arrêter à Claye, pour rafraîchir les chevaux. Je reste sur la porte de l'auberge; je demande à tous ceux qui viennent du côté de Paris, si on a quelques nouvelles. Les uns prétendent que les alliés reculent ; d'autres assurent qu'ils gagnent du terrain ; tous s'accordent à dire que l'affaire a commencé à six heures du matin. A six heures ! Et il en est dix ! Que de sang a déjà coulé ! Ah ! Claire, Claire !

Des hommes se mettent ventre à terre, et paraissent écouter attentivement. Je demande à l'officier ce qu'ils font : ils se reposent, me dit-il. Ils se reposent, et ils se relèvent aussitôt avec l'expression d'une profonde mélancolie ! Cherche-t-on à me tromper ? Je passe dans le jardin avec Jeannette ; je veux répéter ce que ces hommes ont fait dans la rue. Jeannette me retient ; je m'éloigne. Elle m'appelle, elle me suit ; je ne l'écoute pas, je la repousse. Je me couche sur le gazon... Oui, oui, on a voulu m'abuser. Un bruit sourd de coups de canon, multipliés à l'infini, frappe mon oreille.... Jugez de l'impression qu'il fait sur moi, puisqu'il affecte douloureusement des gens étrangers à ce qui se passe.... « Partons ! m'écrié-je. « Partons sans différer. Je ne peux sup-

« porter l'affreuse anxiété qui me tue.
« Je veux connaître mon sort. »

A une lieue de Claye, j'entends distinctement l'artillerie, et chaque coup me semble dirigé contre Jules et mon père. Je me réfugie dans le sein de Jeannette; je crois y trouver un asile : insensée! en est-il un pour moi?

Nous prenons sur la droite, pour tourner Paris, et arriver à Saint-Denis par Clichy et les derrières de Montmartre. L'explosion d'une mousqueterie soutenue se joint à celle du canon. Déjà j'aperçois des tourbillons de fumée, qui couvrent une partie de la ville; je crois entendre les cris des mourans.

Des charrettes viennent à nous. Elles sont encombrées de malheureux, mutilés, couverts de sang et de fange. Leur physionomie, pâle et défaite, a encore une force d'expression, qui annonce des douleurs cruelles. Je ne peux soutenir cet affreux spectacle; je cache mon visage dans mes mains. Je me relève ; je reproche à l'officier de s'être joué de ma crédulité. Il fait signe à Jeannette de baisser les stores. Je ne respire plus, je ne vis plus. Quand finira cette nouvelle agonie ?

Ma voiture s'arrête enfin ; nous sommes à Saint-Denis. On m'invite à descendre. Les rues sont jonchées de blessés, de mourans. On les transporte, on les entasse dans les maisons, les granges, les écuries, les églises. Ils périront faute d'air et de soins. Et c'est là qu'on a placé la gloire ! Ces infortunés doivent la maudire.

J'ai été frappée aussitôt de l'idée terrible que Jules pouvait être parmi eux. Ce nouveau genre d'exaspération m'a rendu quelque force, et m'a fait supporter l'aspect de ce que la nature a de plus hideux. Soutenue par mon officier, j'errais à travers ces misérables ; j'examinais leurs vêtemens ; je cherchais leurs traits sous les voiles de la mort, et quand j'avais acquis la certitude que celui que je regardais n'était pas l'homme adoré, je me livrais à une joie féroce, et je passais plus loin.

L'officier était stupéfait de ma persévérance et de l'énergie qui avait succédé à des mouvemens d'horreur. Sans doute il ne concevait pas qu'une jeune femme pût repaître ses yeux d'un spectacle qui blessait les siens. Quelques mots, qui me sont échappés, l'ont instruit de mon secret et du motif de mes démarches. « S'il arrivait quelque chose à M. de
« Courcelles, m'a-t-il dit, on ne le con-
« fondrait pas avec les blessés ordinai-
« res. Ceux-ci sont malheureusement
« trop nombreux, pour qu'on puisse
« leur donner tous les soins que réclame
« l'humanité. Mais nous avons à chaque
« état-major de l'armée des litières des-
« tinées aux officiers de marque, et bien
« certainement le général Pulki en ferait

« donner une à votre ami, si malheu-
« reusement il en avait besoin. Permet-
« tez, madame, que je vous conduise
« chez vous; j'irai ensuite m'informer
« des noms des officiers supérieurs et
« des volontaires nobles, qui sont déjà
« transportés ici. — Et si on l'avait con-
« duit ailleurs? — Cela n'est pas présu-
« mable. Saint-Denis est l'endroit le plus
« voisin de l'armée, et c'est celui qui
« offre le plus de ressources. — Au nom
« de Dieu, ne me trompez pas. — Je
« vous le jure. »

Je rentrais à mon auberge ; l'officier allait s'éloigner. J'ai pensé tout-à-coup que par des ménagemens cruels ce jeune homme pourrait me priver de la triste satisfaction de revoir le bien-aimé, de l'embrasser encore, de mêler mon dernier souffle au sien, d'expirer avec lui. J'ai repris le bras de l'officier. « Ne soyez
« pas offensé, lui ai-je dit, que dans une
« affaire de cette importance je ne m'en

« rapporte qu'à moi. » J'ai été partout avec lui. Je me suis convaincue que Jules et mon père ne sont pas au nombre des blessés.... « Mais s'ils sont morts ! S'ils « sont là-bas, étendus sur la terre, fou-« lés aux pieds des hommes et des che-« vaux.... vous êtes humain, vous êtes « sensible, guidez-moi, monsieur, al-« lons recueillir ces restes précieux, « ou nous assurer que la mort a respecté « des têtes si chères. » Il m'a opposé des raisons, qui ne persuadent pas une amante; j'ai insisté vivement, je l'ai menacé de partir seule. Il s'est jeté au-devant de moi; il a saisi mes mains; il m'a entraînée à l'auberge. Il a placé deux sentinelles en dehors de ma porte; il a ordonné à Jeannette et à Jérôme de se tenir devant la croisée, et de ne pas me permettre de l'ouvrir.

Il a senti qu'un étranger est déplacé auprès d'une jeune femme, éperdue, désespérée ; il a jugé que mon cœur avait besoin de s'épancher; il a reconnu que Jeannette et son mari ont toute ma confiance; il m'a laissée avec eux.

Ainsi on s'assure de moi ! Je ne peux savoir ce que j'ai à espérer ou à craindre ! Quelle situation ! Je t'ai fatiguée souvent de mes plaintes répétées; je croyais avoir souffert tout ce qui peut frapper la plus malheureuse créature : mes maux n'étaient rien, Claire, comparés à ce que je souffre à présent.

Le canon tire sans relâche. Les Français, dit Jérôme, se battent en désespérés. Un reste d'armée arrête toutes les forces de l'Europe réunies et combinées. Des enfans, qui n'ont pas vu le feu encore, servent les pièces avec l'intrépidité, le sang froid, et le talent des plus vieux artilleurs.... Il est deux heures; il y en a huit que le sang coule à flots.... Ah ! je n'ai plus d'amant; je n'ai plus de père.

Une voiture arrête à la porte de l'auberge. Jeannette se tourne et pousse un cri douloureux. Je m'élance ; on me retient ; n'importe, j'ai reconnu mon père... Il est à cheval... Il est seul !... J'ouvre la porte ; je me précipite... Les sentinelles n'ont pu que m'entrevoir.... Je suis dans la rue.... « Où est Jules, mon père, où « est-il ?... Parlez, ou je meurs. »

Mes yeux avides, égarés, se portent dans l'intérieur de la voiture.... Je reconnais Firmin.... Il est profondément affligé.... Sans doute le bien-aimé est là... Est-il vivant encore ? Pourra-t-il recevoir mes derniers adieux ?.... J'écarte tous ceux qui veulent me retenir... Je suis dans la litière... Je ne sais comment j'y suis entrée... Il est là !... Il est là !... Sa main a légèrement pressé la mienne... Je tombe évanouie à côté de lui.

Je reviens à moi. Je suis sur un lit, et à quatre pas il y en a un second. Ah! on a senti qu'on ne devait plus nous séparer, qu'on ne pouvait pas priver deux êtres, qui n'ont pu vivre l'un pour l'autre, de la satisfaction de mourir ensemble.

Je me lève ; je m'approche, en frémissant de ce lit funèbre. Le malheureux me voit et un sourire presqu'imperceptible, vient effleurer ses lèvres. Quel bien ce sourire m'a fait ! il a ranimé mon cœur déjà glacé.... Mais quelle est sa blessure ?.... Est-elle dangereuse ?.... Personne ne me répond.... Je ne voulais, il y a un moment, que le revoir encore, l'embrasser pour la dernière fois.... Maintenant c'est sa vie que je demande.... Je me jette à genoux; je prends sa main ; je la couvre de baisers et de larmes.... J'invoque le ciel, je le supplie, je reviens à mon amant, je retourne à Dieu.... Je me lève, j'interroge.... « Répondez-moi donc, mon « père, vous qui me sacrifiez pour la « seconde fois. » Il m'a répondu enfin.

Un coup de feu terrible.... Un coup de feu dans le corps!... « Ah! c'est votre « détestable ambition qui l'a tué!... Des « titres, des cordons, des grâces!.... « Tout cela vaut-il une goutte de son « sang! » j'ai vu des larmes rouler sur les joues de M. de Méran.... « Pardon, « pardon, mon père.... Sais-je ce que « je fais, ce que je dis!.... Excusez les « expressions du plus affreux déses- « poir....» Je n'ose me jeter dans ses bras ; je lui ouvre les miens ; il s'y précipite ; il me presse contre son sein ; il veut que j'espère ; il cherche à me consoler.... De l'espoir! je n'en ai plus. Que m'importent des consolations stériles! il n'y a de repos pour moi que dans la tombe. J'y descendrai avec lui.

Que font là ces deux étrangers?.... Ah! ce sont des chirurgiens. Je les emmène dans une chambre voisine ; je les presse de questions.... Ils ont beaucoup à craindre ; mais ils sont loin de désespérer. Je leur offre mon or, mes diamans, ma fortune ; je donnerais tout mon sang, si mon sang pouvait le sauver.... *Ils sont loin de désespérer*! Ah! s'il faut qu'il meure, me le diront-ils? Ne voyent-ils pas que ma vie est attachée à celle de mon amant ?

Mon père vient à moi. « Ma chère « enfant, Jules te demande. — Il me « demande!... Il parle donc encore! » Je vole....

« Modérez votre douleur, Adèle, et « ne me privez pas du plaisir de vous « voir. — Ah! oui, tu me verras, tu me « verras toujours, sans cesse. Que tu « vives, ou que tu meures, je ne te quit- « terai plus. Je m'établis dans cette cham- « bre , mon père, on ferait de vains « efforts pour m'en arracher. »

Je le fixe pour la première fois... Les roses de ses joues sont éteintes, ses yeux ont perdu leur expression, ses lèvres sont décolorées, et cependant l'amour respire encore dans tous ses traits.

Voilà, diras-tu peut-être, une remarque bien futile dans un semblable moment. Elle doit paraître telle à un cœur froid ; pour le tien, il n'en est pas qui soit indifférente. Sens-tu combien il est important pour moi de savoir que je suis encore aimée? Même vie, ou même mort, voilà notre destinée.

J'ai traîné un grand fauteuil près de son lit. C'est la place qui me convient ; c'est celle où me fixent l'amour et le devoir.

On veut me distraire. On me fait remarquer que le bruit du canon a cessé. On me dit que Paris s'est rendu à des conditions honorables. Hé, que m'a fait Paris? que m'a fait l'univers? l'homme adoré est mourant.

Mes yeux sont sans cesse fixés sur les siens. Laissent-ils échapper une étincelle de vie? Je crois me sentir renaître. Se.

ferment-t-ils un moment? il me semble qu'ils ne doivent se rouvrir jamais, et je retombe dans des crises violentes. Ceux qui sont autour de moi me témoignent le plus vif intérêt, me prodiguent leurs soins... Ils me fatiguent, ils me déplaisent. Ce ne sont pas des marques de pitié qu'il me faut, c'est Jules que je leur demande... Insensée ! dépend-il d'eux de me le rendre ?

Pendant des heures entières, je tiens une de ses mains dans les miennes ; je compte les battemens de son poulx ; j'en calcule l'inégalité, la faiblesse ou la force ; je suis sa respiration ; j'épie les opérations de la nature. Hélas! l'avenir est encore couvert d'un voile impénétrable.

Oh ! combien il paraît satisfait de m'avoir auprès de lui ! de temps en temps un regard plein de charme, me remercie de tant d'amour, d'assiduité, de persévérance. Ah ! tu ne me dois rien ; pourrais-je vivre, si je te quittais un moment ?

Les chirurgiens reviennent, ils vont lever l'appareil. On veut que je me retire : la décence l'exige, dit mon père. « Hé, que me parlez-vous de vertus de
« convention ! Les miennes sont celles
« de la nature ; elle m'ordonne de res-
« ter ; je lui obéirai. Quoi, ces filles res-
« pectables, qui se vouent au soulage-
« ment de l'humanité, ne quittent pas
« un mourant qui leur est étranger, et
« par des considérations frivoles, j'a-
« bandonnerais un homme que j'adore !
« Jamais, jamais. » Claire, un sourire du bien-aimé, une légère pression de sa main ont été la récompense de mon dévouement et de ma fermeté.

J'ai vu lever l'appareil ; j'ai contemplé sa blessure ; j'en ai eu le courage. J'y ai laissé tomber une larme... Bientôt toute mon attention s'est portée sur les chirurgiens. Je cherchais mon arrêt dans un mot équivoque, dans leurs regards, dans leur maintien... Tout se tait en eux!.... Ah! n'est-ce pas s'exprimer clairement? ils parleraient, s'ils avaient quelque chose de consolant à me dire... Dieu, mon Dieu!... il faut donc perdre... me séparer.... m'anéantir... Je ne trouve plus d'expressions, Claire, je n'ai plus même d'idées.

Il veut parler. Je fais de longs, de pénibles efforts; je rappelle mes sens; j'approche encore mon oreille; je suis avide de recueillir ses derniers mots. Ah!... ah! le malheureux désespère de sa vie. « Mourrai-je, dit-il, d'une voix éteinte, « sans emporter le titre de votre époux? » Non, Claire, je ne lui opposerai plus ces vertus de convention, auxquelles tout-à-l'heure mon père voulait me soumettre, et dont je me suis affranchie. Non, il n'est plus de considération qui me retienne, puisque je n'ai plus d'avenir.

Il n'aura pas formé un vœu inutile, trop heureuse, si en remplissant le dernier, peut-être, que m'adressera son cœur, je pouvais contribuer à le ramener à la vie ! « Oui, mon ami, mon bien-aimé, oui, « mon père, je me rends. »

« — Les lois, ma fille, ne vous per-
« mettent pas de disposer de vous en-
« core; mais la religion vous offre son
« secours. — Ah! qu'elle consacre une
« union, qui durera peu sur la terre,
« mais qui nous en préparera une qui
« ne finira jamais. » Mon père sort. Un sentiment de calme et de bonheur semble ranimer l'être adoré; il me remercie. « Hé, de quoi, mon ami ? te com-
« plaire, n'est-ce pas être heureuse en-
« core ? »

Je vais donc, pour la seconde fois, m'engager auprès du lit d'un mourant. A la première, j'ai juré de renoncer au bonheur de ma vie; à celle ci, je jurerai du fond de l'âme, de ne pas survivre à l'époux de mon cœur, et je tiendrai mon serment.

Mon père rentre; il introduit un vieux prêtre hongrois, qui parle à peine français; on prépare tout pour l'auguste cérémonie.

Il n'y a ici, Claire, ni la pompe, ni le luxe qu'on étale aux mariages de convenance, et par lesquels on croit étourdir la victime. On appelle l'attention de la Divinité sur deux cœurs unis par de longues infortunes, et que la mort même ne peut séparer. Mon père, Jeannette, Jérôme et le ciel, voilà nos témoins. Nous prions tous avec ferveur; nous demandons tous la vie de l'infortuné. N'est-il pas parmi nous un cœur assez pur pour l'obtenir !

Tout est terminé, je suis sa femme, il est mon époux. Mon Dieu, laissez-le moi. N'ai-je pas assez souffert ? Ne suis-je pas digne devant vous de quelques années de félicité?

Cette union, si triste dans de pareilles circonstances; cette union, l'objet de tous ses vœux.... et des miens, Claire, quoique je m'y sois constamment refusée; cette union, qui semblait devoir le ranimer, a ajouté à sa faiblesse! moi-même, je me sens mal, très-mal... Ah! sans doute, la perte de son sang, la contention d'esprit que produit nécessairement un pareil moment, mes alarmes toujours croissantes, des secousses violentes, des fatigues au-dessus de mes forces, tout a contribué à produire l'affaiblissement où il est tombé, et les douleurs internes que j'éprouve. Je me sens malade, bien malade; le mal augmentera, je n'en donte point. Mais quoi qu'il arrive, je viens d'acquérir des droits sacrés, incontestables; personne n'a celui de m'arracher de cette chambre. Nous confondrons notre dernier soupir.

Son accablement, sa faiblesse et mes douleurs augmentent. On cherche en vain les chirurgiens, obligés de se partager entre tant de malheureux... Ils ne peuvent plus rien pour lui; que feraient-ils pour moi? Je ne veux plus de secours humains. Que les portes de l'éternité s'ouvrent pour nous deux.

. . . .
. . . .
. . . .
. . . .
. . . .
. . . .

Après huit jours d'alternatives plus ou moins alarmantes, nous revenons l'un et l'autre à la vie. La nature m'a délivrée avec effort d'un fruit, qui ne pouvoit pas prospérer dans mon sein. Voilà déjà un premier bienfait de la providence, qui veut me laisser jouir de toute la plénitude du bonheur d'être à lui. Il a été trois jours et trois nuits sur le bord de la tombe ; ceux qui nous gardaient, n'attendaient que le moment de l'y voir descendre. J'étais mourante alors, et mon père gémissait sur sa fille et sur son meilleur ami.

Quand mes yeux se sont rouverts à la lumière, ils se sont portés avec effroi sur le lit du bien aimé ; je tremblais de ne plus l'y revoir. Agité, tourmenté par la crainte et l'espérance, il semblait chercher dans mes traits un reste de vie, et désespérer de l'y trouver. Le malheureux ! il n'avait pas assez de ses maux : il fallait encore qu'il souffrît des miens... Le mouvement que j'ai fait, lui a arraché un cri de joie.

A l'instant, j'ai été entourée de mes fidèles amis. Le médecin a prononcé qu'il répondait de M. de Courcelles, puisqu'il cessait de craindre pour moi. Dès lors, l'inquiétude, l'affliction ont été bannies sans retour. Tous nos cœurs se sont ouverts à l'allégresse, à ces sentimens doux, que depuis long-temps nous ne connaissions plus. Il manquait beaucoup encore à mon bonheur. J'ai étendu mes bras vers Jules; Jeannette m'a devinée. Elle a fait signe à son mari; ils ont roulé mon lit contre celui du bien aimé. J'ai touché ses mains, ses bras, son cœur; j'ai respiré son haleine; je ne pouvais me convaincre assez qu'il fût vivant encore. Je lui parlais, il me répondait, il parlait à son tour, nous parlions ensemble; nous ne nous entendions plus, et cependant nous étions dans l'ivresse.

On nous recommandait une extrême modération : les jouissances de l'âme ne sont pas dangereuses, et nous en étions si avides ! Chacun de nous avait à célébrer une espèce de résurrection; chacun de nous s'applaudissait de renaître dans l'objet adoré; chacun de nous jurait de lui consacrer une vie, que l'amour embellira jusqu'au dernier moment.

Silence.... plus bas au moins: voilà les mots qu'on répétait sans cesse autour de nous, et que nous n'écoutions pas. La bonne Jeannette a cru tout concilier en rapprochant nos oreillers. Nous nous sommes parlé à voix basse, et l'amour y a gagné : plus de contrainte, plus de choix dans les expressions. L'abandon le plus absolu a ajouté au délire, qui nous agitait si délicieusement. Nous en avons prolongé la durée jusqu'au moment où le médecin a sérieusement ordonné qu'on nous séparât.

On m'a remise à ma place; mais l'amour heureux a toujours des ressources. La pensée se peint dans les yeux; qui aime bien entend ce langage et sait y répondre. Ah! Claire, qu'il est expressif pour nous, et que de sujets de joie pour ton amie et l'homme adoré! Plus d'obstacles dès à présent; plus d'alarmes pour l'avenir. Un baume vivifiant circule dans nos veines, et nous en sentons à chaque instant des effets nouveaux. Ah! tu le sais : je suis née pour l'amour; je vivrai pour lui seul.

Dieu charmant! Dieu des prodiges! sois à jamais l'objet de mon culte et de ma reconnaissance : il n'y a que trois jours que je suis rendue à la vie, et déjà on me permet de me lever. Mon mari...... mon mari! Que ce nom est doux à prononcer maintenant! Mon mari se levera demain pour la première fois. Nous commencerons, nous suivrons quelque temps encore une vie de convalescens; mais chaque jour nous offrira une jouissance nouvelle. Oh! comme elles vont se multiplier! Des épanchemens, des félicitations continuelles, de tendres agaceries qui provoquent le baiser ; un voyage autour de notre chambre; une pause à chaque fauteuil, pour répéter ces jeux charmans; un repas servi par l'amitié, auquel préside l'amour ; un lit, parsemé de roses, et près duquel le myrte va commencer à croître..... Que sais-je enfin ? Une idée succède à une autre, et toutes sont d'espérances, de délices, de volupté. Je ne me possède plus ; je suis trop heureuse.

Tu connais, Claire, les événemens qui ont suivi la reddition de la capitale ; je ne t'en parlerai pas. Mon père, rassuré sur notre existence, commence à se livrer à ses goûts favoris. Il se fait faire un habit de chef d'escadre ; il doit être présenté ; il ne dort plus, il va tous les jours à Paris, et il ne reparaît ici qu'avec un projet nouveau. Les dignités, les grâces vont tomber sur lui. Il le croit!

Une partie de ses rêves vient de se réaliser. Le général Pulki a fait valoir auprès de son Souverain ses services passés et la conduite brillante qu'il a tenue pendant la journée du 30. Il a reçu la décoration de je ne sais quel ordre qu'on ne confère qu'à de très grands seigneurs : il est dans l'ivresse. Il ne manque, a-t-il dit, à sa satisfaction que de voir son gendre partager ses honneurs. Son gendre m'a pris la main, et m'a placée devant lui : « Voyez, mon« sieur, si je puis désirer quelque cho« se. » Mon père a fait la moue ; moi j'ai embrassé mon mari..... Je l'ai embrassé !..... Oh ! Claire, comme on embrasse ce qu'on adore. Ainsi il place en moi toute sa félicité ! Tout ce qui n'est pas moi lui est indifférent ! Ah ! j'ose le croire, il n'y a que mon cœur qui puisse payer tant d'amour.

M. de Méran a écrit plusieurs fois à ma mère. Il a cru d'abord ne devoir pas lui cacher le triste état de sa fille et de son amant; il croyait la préparer au plus cruel événement. Depuis, chacune de ses lettres était plus rassurante, et les réponses de ma bonne mère annoncent la plus forte anxiété. Je viens d'écrire moi-même. Elle croira sans peine à mon parfait rétablissement : tout dans ma lettre est bonheur et gaîté.

Le bien-aimé écrit aussi à son oncle qui m'a dédaignée, qui a accumulé sur nous tous les maux, et qui va me combler de prévenances, maintenant que j'ai trois cents mille livres de rente... Je lui pardonne tout ; je recevrai de vaines démonstrations comme des marques d'un sincère attachement.

Nous allons quitter Saint-Denis et cette chambre étroite où j'ai passé des momens si cruels... et si doux ! Ce déplacement a amené une discussion très sérieuse entre mon père et moi. Il a prétendu que Jules devoit habiter son hôtel, et moi le mien, jusqu'à ce que notre union soit constatée par les lois civiles. J'ai opposé des raisonnemens à des préjugés ; mon père a persisté dans sa manière de sentir, et il a déclaré à mon mari qu'il se brouillerait avec lui, s'il ne respectait les bienséances. Le bien-aimé m'a adressé un regard douloureux; je l'ai vu prêt à se sacrifier encore à la délicatesse.

« Ah! je me suis écriée, j'ai payé
« trop cher le bonheur d'être à lui, pour
« que je consente à le quitter un mo-
« ment. Que m'importe le monde? qu'a-
« t-il fait pour moi quand l'infortune
« m'accablait? que dois-je avoir mainte-
« nant de commun avec lui? Je suis la
« femme de Jules; ma conscience est
« tranquille. Je serai heureuse. J'ai en-
« fin le droit de l'être, et je le veux. »

« — Quoi, ma fille, vous serez assez
« peu réservée, pour ne point attendre
« que la loi ait ratifié votre mariage!
« Vos malheurs ont inspiré le plus vif
« intérêt à ceux qui les connaissent :
« leur donnerez-vous à croire, par une
« suite de faiblesses, sans exemple dans
« notre famille, que vous vous seriez

« tue., si votre persécuteur ne vous eût
« inspiré un insurmontable dégoût ? sa-
« vez-vous si on n'ira pas jusqu'à ima-
« giner que vous vous êtes volontaire-
« ment donnée ; que cet homme a pu
« avoir ensuite des torts graves envers
« vous, et que vous n'avez parlé que
« pour l'en punir et vous venger ? Si ce
« que vous devez à votre réputation ne
« suffit pas pour vous arrêter, pensez
« du moins à votre père. Voulez-vous
« me voir la fable du public, me réduire
« à n'oser paraître à la cour ?

Jules sentait que notre union, selon
l'Église, ne lui laissait aucune opposition à craindre de ma part pour l'avenir.
Il brûlait d'être tout à moi, et il n'osait
se prononcer contre mon père. Je m'é-
tais avancée au point...

———

Les communications étaient rouvertes
sur toute la France. Madame de Villers,

mère pour la seconde fois, et rétablie, tremblante pour son Adèle, accourait du fond de sa province, pour partager ses peines ou son bonheur. Elle est entrée au moment où la discussion allait devenir violente. Vous sentez que du moment de son arrivée la correspondance des deux jeunes femmes a cessé.

Madame de Villers est jeune, très-aimable, et très-jolie, quoi qu'en ait dit ce vil coquin de des Audrets. J'ai toujours beaucoup aimé ces femmes-là. J'ai trouvé l'occasion de me lier avec celle-ci; je l'ai saisie avec empressement. J'y ai trouvé deux avantages : une société pleine d'agrémens, et la satisfaction de connaître quelques détails, importans pour mon Adèle, à qui je m'intéresse fortement.

L'entrée de madame de Villers chez son amie a changé les idées à l'instant, et a calmé des têtes trop exaltées. On est revenu plus tard, sur un projet qui paraissait difficile à concilier avec les bienséances.

Adèle, toute à l'amour, ne voulait rien céder ; M. de Méran persistait dans sa manière de voir et de sentir. Madame de Villers s'est rendue médiatrice, et elle est parvenue à rapprocher le père et la fille. On est convenu que madame de Courcelles irait passer le temps de son deuil à Velzac. Quoi de plus décent pour une très-jeune veuve, que de se retirer auprès de sa mère ? Quel inconvénient y avait-il que Jules élevé dans cette maison, qui y était retourné après la mort de sa première femme, allât s'y fixer de nouveau ? Quoi de plus facile à madame de Méran que de paraître ne rien voir ?

Nos tendres amans sont partis, ivres de bonheur, d'espérance et de joie. C'est une sauve-garde très-passable en route que la présence d'une femme de chambre, et quel témoin plus indulgent, et par conséquent plus aveugle que Jeannette ? Quinze jours de voyage ont été une suite continuelle de délices.

Madame de Méran a été trop enchantée de revoir sa fille pour être bien sévère. Cependant elle a tenu invariablement à ce qu'il y ait deux appartemens. Mais Jeannette est ingénieuse, autant que dévouée, et le valet-de-chambre de monsieur le trouvait tous les matins chez lui.

A la fin de l'année, un mariage de pure forme a été célébré avec la plus grande pompe, et Adèle n'a pas été fâchée cette fois d'être couverte de diamans et de dentelles. La nature lui a prodigué tous ses dons ; mais l'art embellit la nature, et elle s'entendait, avec une secrète joie, proclamer par son heureux époux la plus jolie et la plus aimable.

M. de Méran était resté à Paris. Partout on le voyait à la suite du Roi, et il voulait bien prendre pour lui quelque chose des acclamations qu'on prodigue au prince. Il était accouru à Velzac, accompagné de quelques seigneurs, couverts comme lui de broderie et de cordons. Les tristes aventures de sa fille avaient été oubliées, au milieu de cette foule d'événemens qui venaient de changer la face de la France, et il ne manquait à son bonheur que de présenter son Adèle à la cour.

Le jour du mariage est celui où toute espèce de contrainte s'évanouit. Le résultat de cette noce si brillante a été un beau petit garçon, qui héritera réellement des biens de M. d'Apremont, et quoi de plus juste, puisqu'ils ont été donnés à sa charmante petite maman ? Mais n'anticipons point sur le temps : son vol est assez rapide.

M. de Méran a parlé, dès le lendemain du mariage, d'équipages, de livrées neuves, et enfin de la présentation de madame de Courcelles. Du moment où il ne faut plus qu'une chambre et un lit, qu'importe de les trouver dans une auberge ou ailleurs ? Adèle, que le projet de son père ne contrariait en rien, s'est empressée de l'adopter. Elle a été présentée, et en sortant des appartemens, elle disait au bien-aimé : « Je n'ai rien « vu là que je puisse te comparer. »

M. de Méran est resté à la cour : les jeunes gens ont eu le bon esprit de vouloir vivre pour eux. Ils ont été s'établir à Champville, à la grande satisfaction du bon curé, qui a fini par convenir que le second mari vaut beaucoup mieux que le premier, et qu'il peut servir d'excuse à quelques tendres folies.

Jeannette et Jérôme sont établis au tourne-bride, où ils font très-bien leurs affaires. Jeannette est plus souvent au château que chez elle ; son dévouement ne varie point, et si la jolie petite comtesse devenait inconstante, ce qu'à Dieu ne plaise, elle ne manquerait pas de lui prouver que l'amour ne peut être éternel, et que le mariage n'est qu'un contrat civil.

Firmin a été élevé au rang de secrétaire, quoiqu'il ne sache pas l'orthographe. Mais M. de Courcelles n'est pas de ceux qui déclarent qu'attendu leur qualité de gentilhomme, ils ne savent pas signer.

Enfin, madame de Villers m'a donné toute cette correspondance, que j'ai classée par chapitres, pour établir plus de régularité dans l'ordre des faits.

FIN DU QUATRIÈME ET DERNIER VOLUME.

ADRIEN ÉGRON, IMPRIMEUR
DE S. A. R. MONSEIGNEUR LE DUC D'ANGOULÊME,
rue des Noyers, n° 37.

www.ingramcontent.com/pod-product-compliance
Lightning Source LLC
Chambersburg PA
CBHW071258160426
43196CB00009B/1334